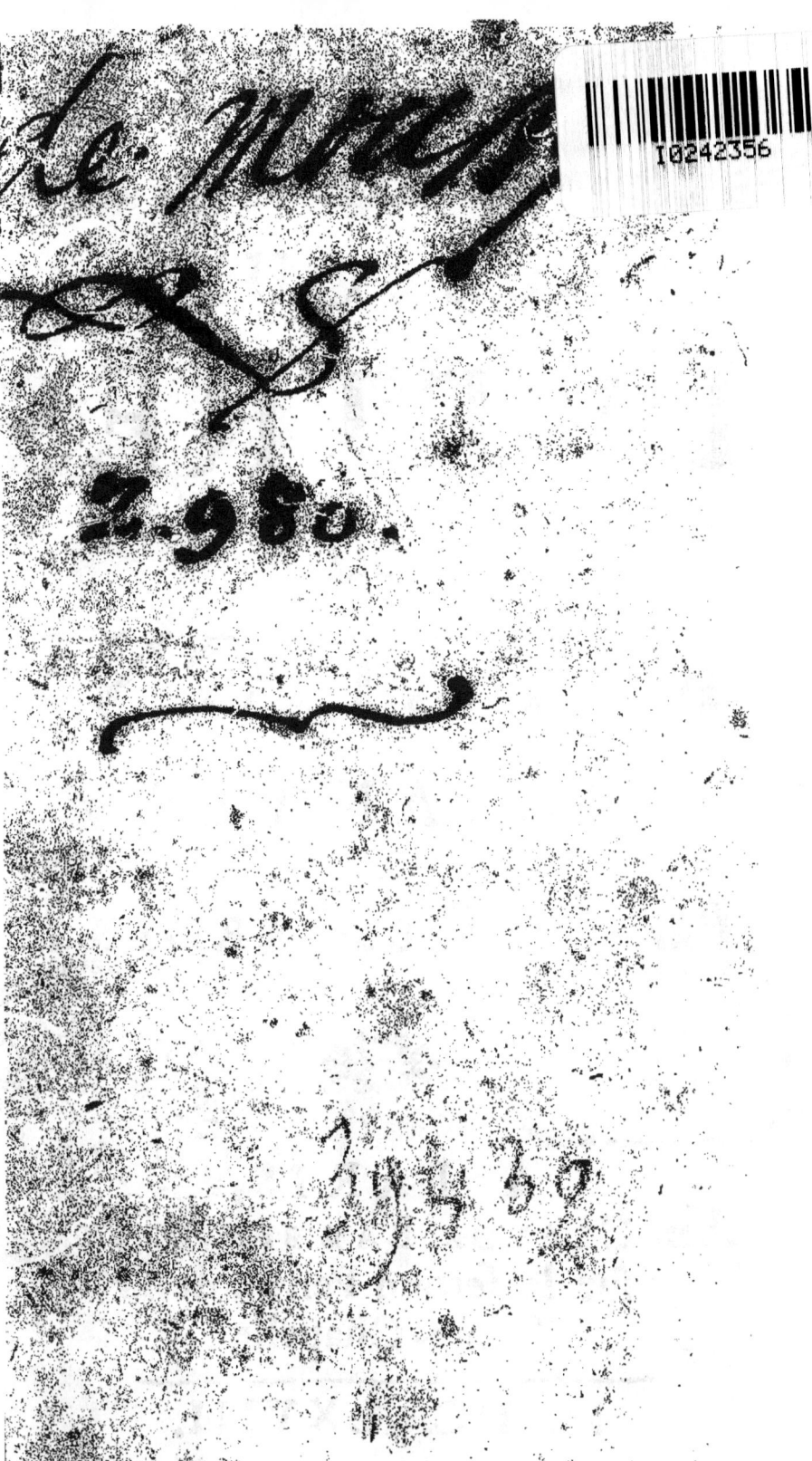

RECVEIL
DE QUELQUES
LETTRES
OU
RELATIONS
GALANTES.

Par M.lle DES-JARDINS.

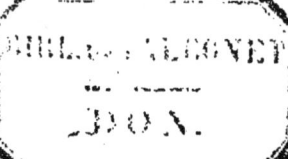 

A PARIS,
Chez CLAUDE BARBIN,
sur le second Perron de la
Sainte-Chapelle.

M. DC. LXVIII.
AVEC PRIVILEGE DV ROY.

A
MADEMOISELLE
MADEMOISELLE
DE
SEVIGNY.

ADEMOISELLE,

L'estime particuliere que je sçay que Mademoiselle DES-JARDINS fait de Vous, m'oblige à Vous presenter ce

ã ij

EPISTRE.

Recüeil de quelques-unes de ses Lettres, & à Vous demander en leur faveur, une Protection, que le beau Sexe est obligé (en quelque sorte) d'accorder à tous ses Ouvrages. Ceux-cy sont d'un Caractere a dépendre du jugement d'une Ruelle galante, plûtost que de celuy de l'Academie : Et comme je les Imprime en son absence, & sans son ordre ; je me trouve chargé de leur succés. Ayez la Bonté de le rendre favorable, MADEMOISELLE, s'il vous plaist, Vous estes toute propre à ranger la Cour du party que Vous soûtien-

EPISTRE.

drez, & le suffrage de Madame vostre Mere est une authorité pour tout ce qu'il y a d'Esprits delicats dans nostre Siecle, dont aucun ne soit dispensé jusques icy. Comme c'est cette consideration qui m'a inspiré la liberté que je prens, c'est par Elle que ie pretens l'excuser, & obtenir la permission de me dire,

MADEMOISELLE,

Vostre tres-humble & tres-obeïssant serviteur.
BARBIN.

LE LIBRAIRE
au Lecteur.

JUSQUES icy, je n'avois point eu de raison de m'adresser à vous, pour vous faire recevoir agreablement les productions d'Esprit de Mademoiselle DES-JARDINS. Le favorable accüeil que vous leur avez toûjours fait, & le soin qu'elle a pris de vous faire ses Complimens elle-mesme, quand elle a jugé qu'il étoit à propos de vous en faire, m'ont épargné cette pré-

AV LECTEVR.

caution. Mais comme celles de ses Lettres que je vous presente aujourd'huy, m'ont été mises entre les mains, par des gens qui n'avoient pas receu cette commission de sa part, & qu'il n'y a que l'estime que vous en ferez qui puisse m'excuser envers elle, de ce que je les fais Imprimer sans sa permission. J'ay crû être obligé de vous demander vôtre suffrage en leur faveur. Vous n'avez pas besoin d'un grand effort pour m'accorder cette grace. Ce qui part du genie de cette illustre Personne, porte sa recommandation avec soy,

AV LECTEVR.

& les Lettres dont je vous fais un present aujourd'huy, ont été écrites en Original, à des gens d'un Discernement assez éclairé, pour devoir autoriser la publication de ce qui les a divertis dans leur particulier. Lisez-les donc, s'il vous plaist, comme des Ouvrages qui n'ont pas été inventez à dessein de les exposer à vôtre censure, & vous y trouverez des Relations ingenieuses, qui rendront à vôtre curiosité avec usure, ce que vôtre indulgence aura la bonté de leur prêter.

RECVEIL
DE QVELQVES
LETTRES;
OV
RELATIONS.

LETTRE I.

A Bruxelles le 1. Avril 1667.

JE suis enfin parvenuë jusques en cette Ville, Monseigneur; & plus j'examine l'esprit qui regne parmy les Dames de Bruxelles,

A

moins ie comprens comment nôtre petit Amy s'eſt tiré vivant d'entre leurs mains. Elles ſont toutes propres à tuer vn homme de ſon humeur, & ſi mes deux voiſines de Paris, le mettoiét à l'agonie, ſi-toſt qu'elles entroient dans ma chambre; c'eſt ſon fantôme ſans doute, qui eſt retourné auprés de vous. Iamais la Pruderie n'a eu de ſi belles Eſclaves qu'elle en a dans ce lieu icy. Ie n'y ay entendu prononcer le mot d'amour, que par des Predicateurs; C'eſt un crime capital que d'avoir un homme dans son Carosse ; & si la passion du jeu, ne faisoit juger que les Dames ne sont pas absolument impassibles, ie croirois estre à l'école de Seneque, plustost qu'à la Cour de Bruxelles, tant ie la trouve differente de l'idée que j'en avois conceuë. Sans mentir c'est fort sagement fait au Roy, que de venir remedier à ces desordres, & quand il n'auroit point d'autre droit pour conquerir les Pays-Bas, que le dessein de rétablir la Galanterie dans une Cour aussi charmante que l'est celle-cy; Cette raison seroit assez forte pour authoriser son entreprise. Encore si les Dames dont ie parle étoient comme quelques-unes que nous connoissons, qui ne se refugient dans l'Empire de la vertu, que quád la Galanterie les chasse du sien, j'approuverois cét effet de leur jugement, & ie les plaindrois sans les blâmer. Mais ce n'est pas de là que proviennent les regularitez de Bruxelles. Il y a sept ou huit belles & ieunes personnes dans cette Cour qui sont Galantes par tout, hors dans le cœur, leurs habits, leurs conversations, & leurs gestes, tout promet l'hospitalité aux Estrangers, il n'y a rien de si engageant; mais si-tost qu'on s'avanture iusques à les aimer, leur ame dément leurs yeux de tout ce qu'ils avoient avancé, vous serez surpris, peut-estre, de me trouuer si sçavante sur cette matiere; & en effet i'avouë que cette étude est rare dans vne personne de mon sexe. Mais comme on dit que le Roy se prépare à marcher vers ce pays icy, i'ay crû qu'il estoit d'une bonne Françoise telle que ie la suis, d'apprendre la Carte aux Volontaires de ma connoissance; faites en part, s'il vous plaist, à ceux que vous croyez qui en ont le plus de besoin, & donnez-vous la peine de les avertir, qu'ils se munissent de quelque précaution en passant dans les villes de Flandre, qu'ils doiuent traverser avant que d'arriver à celle-cy. Car s'ils ne se servent de ce preservatif; Bruxelles seul coutera plus de gens de qualité au Roy nostre Maître, que les dix-sept Prouinces ensemble. Pendant que ie suis sur cette reflexion, il faut que ie vous réponde un petit mot sur l'article de vôtre lettre qui me parle des funerailles que mon depart a causées, & que ie vous dise à propos de cette plaisanterie que ie trouve M. l'Abbé de S..... bien Goguenar pour un homme qu'il y a un mois qui est trépassé, il iouyssoit de la vie si agreablement, que i'ay peine à croire qu'il fust d'aussi belle humeur qu'il me le paroist s'il estoit vray qu'il l'eût perduë; Mais ie pardonne cette fixion, à son origine, & ie consens qu'il prenne sa part à l'estime que vous promet pour iamais.

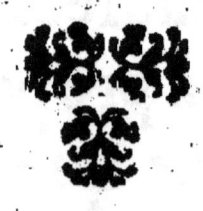

AV MESME.

LETTRE II.

A Bruxelles le 12. Avril 1667.

Vous estes vn homme incomprehensible en toutes choses, Monseigneur, il y a long-temps que ie vous considere comme tel, & que ie vous témoigne mon admiration sur ce suiet; mais à mon gré vous n'avez iamais rien fait de plus surprenant, que la maniere dont vous tournez ma derniere Lettre. Ie vous avois deviné par cinq ou six autres endroits sans vous attendre sur celuy-là, & j'aurois iuré que i'avois vôtre réponse dans l'idée, avant que vous l'eussiez écrite ; lors que j'ay trouvé que j'étois à milles lieuës de vôtre sens, & qu'en m'écrivant un grand nombre de paroles toutes belles, toutes justes, & toutes appropriées au sujet, vous ne m'en écrivez aucune de celles que j'avois imaginées : l'endroit qui concerne Madame vôtre belle parente, est le mieux exprimé de tous ceux que j'ay veu de vous, le tour de vôtre esprit s'y fait remarquer dans tout son agrément. Mais ie vous avouë que ie vous ay méconnu à vôtre jalousie, & que si vous ne m'aviez appris la retraite de Mademoiselle D.... dans les Filles de la M.... j'aurois crû que la fin de vôtre Lettre avoit esté conçeuë par un autre. Mais pour cét article là, Monseigneur, vous y estes reconnoissable par tout pays, & ie comprens qu'il n'y a que vous au monde qui puisse parler en ces termes, d'une aventure de cette espece. Ie ne doute pas que vous n'ayez assisté à sa Vesture, en qualité de son oncle paternel ; & ie m'attens à voir un de ses jours dans les Relations de la Mere M.... que c'est vous qui avez donné le Voile à cette belle fille. Iugez donc, Monseigneur, combien vous me donnez de vanité, quand vous interessez vôtre Philosophie, jusques à craindre l'excez de mon estime pour monsieur de G..... dois-ie me flater de la pensée, qu'vn cœur qui ne palpite pas à la veuë de Mademoiselle D..... voilée, s'est émeu au recit des obligations que j'ay à ce genereux refugié. Ie tombe d'accord qu'elles sont extrêmes, la maniere dont il m'a établie dans l'esprit des gens de qualité de ce Pays icy, & les offres obligeantes qu'il me fait pour l'auenir, ont des charmes inévitables pour vne ame tendre, & reconnoissante au poinct que l'est la miéne; Mais, Monseigneur, quel tort fait cette nouuelle connoissance, à l'estime que ie vo⁹ ay promise; Craignez vo⁹ la multiplication de mes amis, & ne pourrois-ie pas aimer vne douzaine de personnes, de la maniere dont ie vous aime, sans craindre le reproche d'aucune. Croyez moy, Monseigneur, ces tendresses Platoniciennes, qui n'ont pour objet que les qualitez de l'ame, occupent si peu de place qu'il en tiendroit dix ou douze sans peine dans vn cœur comme le mié, & l'estime est une vertu pacifique, qui souffre aisément des Compagnes, sans enuie & sans inquietude ; Tombez donc d'accord, s'il vous plaist, que vous songiez à nostre nouvelle Religieuse, quád vous auez fait cét endroit de vostre lettre, où que vous ne l'auez écrite que pour me faire connoistre que vous sçauiez traitter également bien toutes sortes de matieres. Si le Seigneur m'ayoit honorée de ce don la, comme il vous en a enrichy, ie répondrois presentement à la Lettre que madame la C... de...... m'a fait l'honneur de m'écrire; mais ie n'ay pas l'esprit dans une assiette propre à faire cette réponse, & ie suis en danger de demeurer en reste de plaisanterie auec tout le monde iusques à mon retour à Paris, à moins que sur le Portrait que ie vous fis de Bruxelles le dernier ordinaire, il ne vous prenne envie de venir y passer vos jours. Car le recit que ie vous ay

fait

fait de l'humeur des Dames de cette ville, a deu vous donner un desir extrême de les connoistre ; & si nostre amy n'a pû se tirer vivant d'entre leurs mains sans magie, vous y vivriez autant qu'Abraham: Quel plaisir i'aurois, Monseigneur, si vôtre medecin vous ordónoit Bruxelles, comme on ordonne l'vsage de l'or potable, il est tout propre à me faire ce tour d'amy, & peu s'en faut que sur cette esperance ie ne retarde mon voyage de Hollande ius-

B

ques à voſtre arrivée: Mais comme il y a des Dames Prudes, & Ioüeuſes, en pluſieurs autres Villes du Monde, dont vous n'eſtes pas ſi éloigné que de celle-cy, ie crains que la pareſſe ne vous prenne, & ſur ce pied là ie pars pour la Haye dans quatre ou cinq jours; vous ne doutez pas que ie n'aye beaucoup d'impatience de m'y rendre; il y a, comme vous ſçavez, un homme dans ce lieu-là qui a touſiours eſté l'Alexandre de mon idée, comme à l'Amante des Viſionnaires; mais quelque joye que i'espere de l'honneur de sa connoissance, elle ne sçauroit égaler celle que j'aurois si ie pouvois vous dire de bouche à quel poinct ie suis, &c.

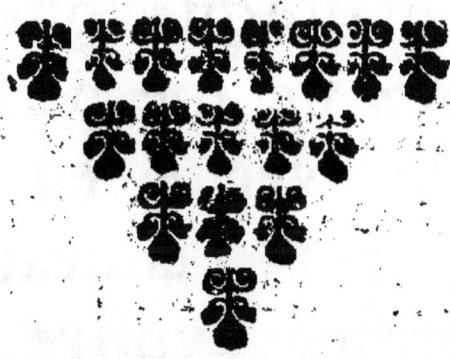

LETTRE III.

Pour une Dame qui l'avoit priée galamment d'apprendre à soûpirer à son fils.

JE sçauois bien que j'avois vingt-sept ans passez, Madame, & il n'étoit pas necessaire que vous entreprissiez de me persuader cette verité en me commettant l'education de monsieur vostre fils avec si peu de precaution, sage & pieuse comme vous l'estes, vous ne l'abandonnerez pas de cette

forte aux foins de. . . . . .
& la confiance que vous me faites l'honneur de me témoigner, est plustost vn effet de mon peu de charmes, qu'un effet de mon bel esprit. Mais, Madame, ie n'examine point la cause de l'ordre que ie reçois, il me suffit qu'il m'est donné par vous, pour devoir estre executé par moy avec beaucoup de plaisir; & pour commencer à m'en acquitter ponctuellement, faites moy l'honneur de m'envoyer ce cher pupile apres midy, ie luy don-

neray les premieres tablatures dont il a besoin pour apprendre à soûpirer sur le bon ton : & j'ay prié deux ou trois personnes de mes amis de venir m'ayder à conduire ce bel œuvre à sa perfection, qui ont des secrets admirables pour me faire sortir heureusement de cette entreprise. Mais, Madame, afin de ne pas pousser nostre zele trop loin, dites-moy de grace, iusques où vous souhaitez qu'on le meine, & à combien en deçà de l'amour vous voulez que ie le laisse, car du bon naturel dont ie le connois, il pourroit bien faire plus de chemin que vous ne pensez; & ie remarque un certain feu dans son imagination, lors qu'on luy donne des leçons de science, qui passeroit aisément iusques à son cœur, si on luy donnoit des leçons de tendresse. Examinons dóc bien la consequence de la Commission que vous me donnez avant que de me mettre en estat de l'executer; & s'il est dit que ie doiue apprendre quelque chose à cét enfant incomparable, laissez-moy choisir mes matieres, s'il vous plaist, souffrez que ie le fasse souvenir qu'il est fils d'un des premiers hommes de nostre siecle, qu'il est responsables à la posterité d'un nom qui raisonne par toute la terre, & qu'il ne peut manquer à estre un Heros accomply, sans trahir les desseins de la Providence. I'aurois bien encore quelqu'autre chose à luy faire sçauoir s'il vouloit l'entendre, mais cela ne merite pas d'occuper sa me-

memoire ; c'eſt que ie
ſuis auec beaucoup de reſ-
pect.

LETTRE IV.

JE ne croyois pas que la commission que j'ay receuë de Madame la M....... anticipast sur vostre charge, mon cher Monsieur, & qu'il fust des droits d'un Gouverneur, d'apprendre à soûpirer à son pupille, vous auez deu vous attendre à voir vsurper ce pouvoir là sur vous, tost ou tard,

& dans le nombre des personnes qui aspirent à cette gloire, le sort ne pouvoit tomber sur aucune qui fust moins dangereuses que ie le suis, Mademoiselle de L....., ou Mademoiselle de G..... interromproit le sommeil de vostre jeune Seigneur, par des inquietudes naissantes, & l'arrachant à ses exercices pour le faire soûpirer, elle ne vous laisseroit qu'une petite partie de luy mesme, au lieu que ie ne vous dérobe que ce qui est inutile pour vous, & ie gagerois mesme que vous n'avez remarqué aucun changement en sa personne depuis vingt-quatre heures entieres que j'ay déja employées à m'acquiter de ma commission. Peut-on user plus modestement du pouvoir qui m'a esté donné, & ne devriez vous pas rendre graces à l'Eternel, de ce que les momens de l'oisiveté du jeune Comte, sont abandonnez à vne femme qui sçait si mal en profiter. Mais peut-estre Monsieur, que la colere que vous affectez, est un effet de vôtre Politique, plûtost qu'un effet de vostre severité, & si ie vous connois bien, vous me voulez plus de mal, de ce que ie ne suis pas capable de toucher le cœur de vostre Pupille, que de ce que j'entreprens de le faire soûpirer. Un Gouuerneur de bons sens doit estre bien aise qu'on luy adoucisse l'ame du Seigneur qu'il a sous son Gouvernement. Et quand un Cavalier de cét âge commence à sentir de l'amour, non seulement son Gouverneur en est plus chery de luy, mais il n'y a pas jusques à ses Palfreniers, & à ses Chevaux qui ne s'aperçoivent du changement de son humeur. Avoüez la verité, Monsieur, vous voudriez le voir dans cette disposition d'esprit pour beaucoup, & la crainte que vous me témoignez dans vostre Lettre, est plûtost vne leçon ingenieuse sur ce que ie dois faire, qu'un reproche de ce que ie fais.

Vous allez (dites-vous) *attendrir son cœur par vos Vers Passionnez, vous luy peindrez l'amour si agreable dans vos Billets, qu'il ne voudra plus reconnoistre d'autres Loix que les siennes, & vous donnerez tant de matiere aux soûpirs qu'il poussera pour vous, qu'il aura besoin de tout son loisir, pour s'acquitter de son devoir.*

N'est-ce pas là m'apprendre finement le secret de reüssir dans ce que j'entreprens, & connoissant ce cœur comme vous le connoissez, pouviez-vous, m'enseigner plus clairement le chemin qu'il faut tenir pour arriver jusques à luy. Hé bien, Monsieur, ie profiteray de vos avis, & pour ne pas me noircir d'ingratitude auprés de vous. Je declare dés ce moment que c'est sur vos memoires que ie vais travailler à faire soûpirer Monsieur le Comte, & que si ie parviens à cette gloire, c'est à vous que j'en auray l'obligation, &c.

LETTRE V.

Est-ce pour m'insulter, Monsieur, que vous me faites la guerre d'un Cavalier de vingt-quatre ans, qui a les cheveux bruns, les dents blanches, & l'Esprit agreable, & que vous ne paroissez pas plus inquiet de cette connoissance, que vous le fustes de celle du gros Abbé aux méchantes odeurs. Je sçay que je ne suis que de vos Amies, & nostre indifference est confirmée par cent, teste à teste, sans émotion; Mais qu'elle necessité y avoit-il de me donner des preuves d'une Philosophie, dont j'estois déja persuadée, & que vous a fait mon peu de charmes, pour devenir l'exemple public de vostre Stoïcité. Si vous aviez quelque sujet de vous plaindre de leur audace. Je pardonnerois cette insulte à vôtre dépit. Mais je ne croy pas que vous ayez aucun reproche à me faire là-dessus, & ie me souviens mesme que dans vn de ces jours de ma belle humeur, où le Caton de nostre Siecle, ne pût s'empescher d'estre sensible à mon enjoüement, vous ne me trouvastes loüable, que parce que j'avois fait un discours sur la brieveté de la vie. Pouvois-je contenir mes attraits dans vne obeïssance plus aveugle, & aprés cette épreuve de leur respect pour vostre cœur ; N'estes-vous pas bien injustes, de leur faire des injures nouvelles.

Ie sçay, dites-vous, *qu'il y a un Cavalier de vingt-quatre ans ; qui a les cheveux bruns, les dents blanches, & l'esprit agreable, qui vous attaque avec tous les charmes, & ie vous en felicite comme vostre bon Amy.*

Sans mentir cela est bien d'un Amy en effet, & si vous n'estes de ces amis de Clelie, dont l'empressement approchoit de l'amour, vous serez de ces amis de Cleopatre, dont l'un tua Juba, en signe d'amitié. Ces sentimens heroïques sont dignes d'un grand homme, comme vous l'estes, & ie sçay deux ou trois Dames en ce Païs icy, qui sont un peu plus tygresses, que Mesdemoiselles………… & qui déchirent à belles dents, jusques au portrait de l'amour, si on le leur presentoit, ausquelles ie vais vous annoncer comme un homme fait exprés pour elles.

Vous me remercirez les uns & les autres de vous avoir assemblez si judicieusement, & ie m'attens à voir éclore des sentimens de voſtre Societé, qui me mettront en credit chez les Meres biſares, & chez les Maris jaloux. Adieu noſtre cher Philoſophie, n'oubliez pas l'affaire que ie vous ay recommandée en partant, & afin de vous en souvenir avec plus de plaiſir, apprenez que ie viens de chez Madame la C...... de M...... chez qui j'ay soupé, & que j'ay eu l'honneur de suivre à deux Sermons, de compte fait, & à autant de Saluts.

LETTRES

LETTRE VI.

A

MONSIEVR

DE

GOVRVILLE,

SVR LES SATYRES

de Monsieur D***.

Vovs m'avez causé une joye extréme, mon cher Monsieur, en me faisant part des Satyres qu'on qu'on a faites contre celles de Monsieur D***, & vous ne pouviez confirmer plus fortement l'estime que j'ay toûjours euë pour luy, qu'en m'apprenant que ses Satyres ont le sort des ouvrages les plus achevez. Nous comptons jusques à trente Pieces de Theatre du bon hardy, sans qu'on se soit mis en peine d'en Critiquer aucune, & on voit des Volumes entiers de Remarques contre le Cid. Plusieurs Autheurs François ont écrit des Satyres avant celle-cy, sans qu'on ait cherché d'autre moyen de les détruire, qu'en les abandonnant au temps, & à la vissicitude des choses; & si-tost que celles de Monf. D***. viennent à paroistre, on ne voit que Critiques, & que Remarques contre elle de tous costez; on se déchaisne en France, on se reuolte dans les Païs Estrangers; qu'elle gloire pour mon Amy? que ie suis sensible à son triomphe, & que j'aurois de douleur, s'il auoit écrit contre le Siecle, sans piquer le Siecle, & s'il avoit fait des Satyres, dont la pointe eut esté si émoussées, que personne ne les auroit senties. Pour moy, Monsieur, quand j'examine la maniere dont on attaque cét Autheur, il s'en faut peu, que ie ne croye, qu'on n'écrit contre luy, que pour donner plus de lustre à son ouvrage : car voyez de grace de quel termes on se sert pour le détruire.

D***. écrit (dit-on) *trop fortement*, &

trop purement, ce n'est pas là le stile de la Satyre, & les Maistres de l'Art n'ont jamais écrit ces sortes de choses qu'en Prosa rimée.

Ne trouvez-vous pas cette Remarque judicieuse, & n'est-ce pas vn grand défaut dans un Poëte, que de faire trop bien des Vers? Les Anciens n'ont pû joindre la beauté de la Diction, auec la subtilité des Pensées, la Rapidité de leur Imagination les a entraisnez, & ne pouvant suivre les regles de l'éloquence, & le feu de leur esprit; en mesme temps, ils ont esté contraints de renoncer à l'un, pour obeir à l'autre. Monsieur D***, au contraire, a trouvé le secret de faire cét assemblage, il écrit des Satyres fines & poignantes, & il les exprime dans les plus beaux Vers qu'on puisse faire. N'est-ce pas un grand crime pour luy, que de faire mieux que ceux qu'on croyoit qui avoient excelé, & que de surpasser les Maistres de l'Art mesme.

Mais si ces honnestes Censeurs n'ont pas raisonné juste sur les mots, peut-estre qu'ils auront mieux rencontré sur le sens; & s'ils sont contrains de tomber d'accord avec moy, que ce n'est pas vn crime que de faire trop bien ce qu'on fait: il faudra que ie leur avouë à mon tour, qu'un homme qui entreprend de faire la Satyre des vices, ne doit pas détruire l'Empire de la raison, comme on pretend que nôtre Amy l'a détruit, lors qu'il dit:

C'est-elle qui farouche au milieu des plaisirs,

D'un remors importun vient brider nos desirs.

Vous semble-t-il, Monsieur, que ce Tableau fait une grande injure à la Raison, & vous qui avez tant d'habitude avec elle, ne craignez-vous point de la méconnoistre au travers de ce déguisement. On nous la represente comme une bride qui arreste nos desirs les plus violens, comme une gouvernante severe, qui sans respecter nos inclinations ficieuses, trouble nos plaivrs par des remors, nous ouvre les yeux sur nos égaremens, & nous donne du dégoust pour ce qui nous avoit enchantez. N'est-elle pas bien défigurée dans cette peinture, & faut-il s'estonner, si sur un si beau principe ils erigent Monsieur D***. *en beste brutte* Celuy sur lequel on prétend le taxer d'impieté, est à peu prés de la mesme force. On le traite avec autant de rigueur, comme s'il avoit renversé la Loy la Loy & des Prophetes, on se rescrie contre luy, comme contre un Athée convaincu, & le fondement unique de cette calomnie; c'est qu'il a nommé Monsieur Joly par son nom. Ce n'est pas qu'on ne sçache bien que la Poësie ne souffre point de titre, les Alexandres & les Cesars, ont esté appellez par leur nom, par les plus grands Poëtes de l'Antiquité. Mais un homme comme Monsieur Joly devoit estre privilegié, & l'honneur qu'on ne rend pas aux Cardinaux, & aux Pontifes, il falloit le rendre à Monsieur le Curé de Saint Nicolas. Car de croire que nos Critiques ayent voulu noircir mon Autheur, par ce qu'il dit, que Monsieur Joly perd son temps à Prescher, ie ne les trouve pas encore assez dépourveus de sens pour les accuser de cette opinion. Qui est celuy qui ne voit pas, que cette maniere de parler, est vne Satyre ingenieuse, contre les cœurs endurcis de noſtre Siecle, & non pas contre celuy qui taſche à les amolir. Lors que le Satyrique dit, qu'un homme comme Monſieur Joly, que les Cenſeurs appellent avec juſtice l'Apoſtre de noſtre Siecle, perd ſon temps à dire les plus belles choſes, & les plus Patetique que le Saint Eſprit puiſſe inſpirer, c'eſt contre ceux qui l'entendent, que le Poëte ſe déchaiſne, & non pas contre celuy qui leur parle, & c'eſt un reproche preſſant qu'il fait à nos

Libertins d'aujourd'huy, & non pas un manque de respect envers celuy qui les presche. Il n'y a point d'endroit par où il ne pût estre deffendu de cette sorte, si les bornes d'une Lettre me le permettoient, & si mon genie m'en fournissoit les moyens. Mais outre que celle-cy est déja assez longue pour devoir vous ennuyer. Les Lettres sçavantes ne sont pas de mon stile ; je ne connois ny Horace, ny Juvenal, & si l'estime que ie fais de toute la famille de Messieurs B***. m'a forcée à prendre le party de l'un d'eux, dans un lieu où il n'est pas connu, c'est un office d'Amie, que ie ne pretens pas qui m'érige en bel esprit, & que ie reduis touts entier à vous supplier de croire, que ceux qui font de si meschans portraits de Monsieur D***, ne l'ont jamais envisagé qu'une plume à la main, pour crayonner leurs deffaut, il leur paroistroit plus agreable (sans doute) s'ils le representoient fous une autre forme, aussi bien que l'un de ses freres, que d'un des plus honnestes homme du monde, ils erigent en franc Taupin. Ce terme est si nouveau pour moy, que ie l'ay pris d'abord pour un titre glorieux, tant ie trouvois impossible qu'on pû en donner d'autre à l'homme, dont ils parlent; mais comme il paroist par la passion avec laquelle ils s'expriment, qu'ils ont pretendu luy dire une injure, ie ne puis m'empescher de vous dire avant que de finir, qu'il est fort au dessus de toutes celles qu'on vomit contre luy, la belle humeur qu'on luy reproche comme un deffaut, est une qualité singuliere qui ne peut estre blâmée que par ceux qui luy portent envie, & si jamais vous surmontez les obstacles qui s'opposent à vostre retour en France, & qu'au milieu de nostre chere Patrie, vous puissiez juger de ces deux Messieurs, par vostre propre connoissance. Ie m'asseure que vous ne vous repentirez pas de la prevention avantageuse que vous leur accordez, ils sont si propres à s'en rendre dignes, que je m'attens à les voir un jour vos Creatures à Paris, comme ie vous ay veu leur deffenseur à Bruxelles, c'est une justice que ie vous supplie de leur rendre toute vôtre vie, comme toute la mienne. J'espere recevoir celle de passer dans voftre esprit pour voftre.

AV MESME.

LETTRE VII.

A Anvers le 10. May 1667.

NE voulez-vous pas dire à vostre Duc d'Arscot, qu'il soit moins genereux & moins obligeant qu'il ne l'est, il me comble de civilité, & de bien-faits, & sans avoir égard, aux sentimens de mon ame, il me met dans la necessité d'estre toute ma vie sa redevable, luy semble-t-il qu'à cause qu'il est un grand Prince, & que ie ne suis qu'une simple Damoiselle, il soit en droit de me rendre ingrate malgré moy, & ne puis-ie obtenir de sa magnanimité qu'il borne ses graces, au pouvoir de ma reconnoissance. Il est arrivé en cette Ville, avec son Ex.ce, le lendemain que Monsieur de la N... m'y a conduite, & pendant trois jours qu'il y a que j'y suis, il ne s'est passé aucun moment qui n'ait mis quelque obligation sur mon compte, il ne m'a quittée, que quand son devoir l'y a forcé, il m'a fait connoiftre tout ce qu'il y a de galand à la Cour de son Exce, & il a poussé son guet à pan, jusques à pourvoir aux meubles de ma Barque pour mon voyage de Holande. Pensez-vous que je puisse vous pardonner tous ces effets de sa bien-veillance, & n'avez-vous pas reduir l'impuissance de mon cœur dans une extrémité assez grande, sans la faire augmenter par tous vos amis. Ie trouve une ligue formée contre moy là-dessus, dans tous les lieux où ie passe, Monsieur le Baron d'Ysola, m'a fait des honneurs que ie n'ose redire par respect pour son discernement, & M. D. Rodrigo, est venu me tirer de mon Hostellerie, si-tost que j'ay esté arrivée, pour me faire prendre dans sa maison un lit admirable, & une table magnifique.

Mme sa Femme & Mlle sa Cousine n'ont rien gâté à tout cela, & nous sommes allées en famille visiter les raretez du dedans & des dehors de cette Ville, qui m'ont toutes paru dignes du recit que vous aviez eu la bonté de m'en faire son plan, ses rempars, & les richesses de ses habitans, n'ont démenty en rien l'idée que vous m'en aviez donnée, & ie diray aussi à vostre loüange, que vostre Relation ne leur avoit rien dérobé, de leur beauté. Mais quelques Tableaux & quelques Bustes que j'aye veus, quelques Pierreries dont mes yeux ayent esté éblouïs, & quelques surprise que j'aye euë à la veuë d'un Cabinet de Pierres precieuses, aussi grand que nos plus grands Cabinets d'Allemagne, qu'un Orfévre de cette Ville fait de son fons, & sans estre asseuré de s'en défaire : je n'ay rien veu de plus digne de mes desirs qu'vn petit Tableau, que j'ay trouvé chez Juste après midy, si vous rendiez une justice entiere à mes sentimens, vous devineriez aisément ce qu'il represente, mais afin de vous épargner le danger de me faire une injure, ie vous diray que c'est le portrait de Monsieur de G..... toutes les Turquoises du jeune Armenien, & tous les Diamans du Riche Portugais, n'ont point frappé mes yeux de tant d'éclat qu'ils en ont trouvé dans cette Peinture, & s'il avoit esté en mon pouvoir de l'ar-

racher à celuy qui la possede, elle auroit esté tout l'entretien de ma Navigation, mais mal-heureusement pour moy, tout le monde connoist son prix, & le Peintre qui l'a faite, la croit si inestimable, que rien n'a pû tenter son avarice là-dessus. J'ay toûjours envisagé ce vice-là, comme le plus abominable de tous, mais ie vous avouë qu'il auroit esté une vertu pour moy, dans la personne de Juste, & qu'il n'y a rien que mon eloquence n'ait mis en
usage

usage pour le rendre susceptible de ce deffaut. Sans mentir il faut que ce Tableau ait un grand charme, puis qu'il a peu me contraindre à souhaiter de l'interest dans l'ame de mon prochain, & à blâmer la passion qu'on a pour tout ce qui regarde son original; ie le donne en quatre à l'Art magique, pour produire un effet plus surprenant, & j'aurois de grandes moralitez à faire sur cette reflection, si mon depart ne me pressoit, mais j'ay déja un Patron Holandois dans la Cour, qui m'avertit que mon heure de chagrin est venuë, puis qu'il faut m'éloigner de mes nouveaux Amis, & n'avoir plus que le temps de vous dire, que je suis.

LETTRE VIII.

A la Haye le 15. May 1667.

VOus en voulez à mes jours, mon cher Monsieur, puis que vous me conseillez de faire imprimer mes Lettres, & à moins que d'envoyer une dragme d'Arcenic à vne femme, en luy donnant cét avis, je tiens qu'on ne peut le luy donner en conscience. Quoy! bon Dieu, rendre mes Lettres publiques, moy, qui pour l'ordinaire ne prens pas la peine de les relire avant que de les cacheter, moy, qui ne sçay aucune Langue estrangere, qui n'ay jamais lû d'Autheur plus ancien que Mr d'Vrfé, & Mr de Gomberville, & qui n'ay pour toute science qu'un peu d'usage du monde, & une experience de vingt-sept années de vie. Encore un coup, quand on donne un conseil aussi dangereux que l'est celuy-là, il faut prévenir les suites onereuses qu'il pourroit avoir par une prise de Sublimé. J'avoüeray toutefois pour ne pas vous démentir que j'ay quelque feu dans l'imagination, & que le tour de mes Lettres n'est pas assez des-agreable, pour donner la migraine aux personnes qui les reçoivent. Mais, Monsieur, est-ce là dequoy soûtenir l'impression, dans un siecle ou la delicatesse de la Langue Françoise, est au plus haut point de perfection où elle pouvoit parvenir, & ou la Science est devenuë si à la mode ; que les Dames apprennent le Latin à present, avec aussi peu de précaution qu'elles apprenoient à écrire autrefois. Vous me direz peut-estre que je n'ay pas esté toûjours si circonspecte, & que le nombre des Livres qu'on voit imprimez sous mon nom, doivent avoir surmonté cette premiere pudeur dans laquelle ie semble me retrancher. Mais, Monsieur, il y a une grande difference (selon moy) entre le stile des Romans & des Nouvelles, & celuy des Lettres; Quand on fait un Livre, qu'on sçait qui doit estre veu de tout le monde, on tasche d'y traiter de matieres generales, dont le public puisse estre satisfait; Mais lors qu'on écrit à ses amis, comme on n'écrit que pour eux, on leur parle dans des termes qui ne sçauroient convenir à nul autre, & qui perdroient toutes leur graces, si on leur ostoit celles de l'application, & de la conjoncture. En effet, qu'elle obligation nous auroient nos amis, si nous leur mendions des choses que nos ennemis pussent goûter comme eux, & si nous leur écrivons singulierement, quel plaisir peuvent trouver les indifferens dans la lecture de nos Lettres, il faut donc s'attendre à se broüiller, ou avec le general ou avec le particulier,

quand

quand on trahit les secrets de son Cabinet. Et je tiens qu'il est de nostre prudence, & de nostre plaisir, de nous mesnager avec tous les deux, Mais quand il seroit possible, que je surmontasse cette crainte, & que je defferasse à vos sentimens, plus qu'aux miens propres, pensez-vous que ce fust par la deffense de Monsieur D***. que ie deusse vous donner cette marque de ma complaisance, sans mentir ce seroit debuter prudemment auprés de Meſſieurs les Autheurs Epiſtolaires, que de mettre à la teſte d'un Recueil de Lettres, une contre-Critique, qui choque peut-eſtre les plus redoutables d'entr'eux. Ce n'eſt pas que j'aye eu deſſein de les choquer, je ſuis trop perſuadée de mon ignorance, pour faire aſſaut de bel eſprit, avec tout ce qu'on peut appeller un ſçavant, & ie n'avois écrit que pour Monſieur de G***. tout ſeul; mais puis qu'il a fait part de son bien à tant d'autres, ie crains qu'il n'y ait des personnes qui se reconnoissent, ou ie ne les ay pas reconnuës moy-mesme, & qu'on n'estende les bornes de mon imagination plus loin que ie n'ay eu dessein de les faire aller. Si cela arrivoit (comme j'y voy beaucoup d'apparence) & que pour me punir de mon audace, quelqu'un prit la peine de me répondre, vous me verriez aussi effrayée au noms de Perse & de Juvenal, que le Capitant des Visionaires le fut à la veuë des Rooles du Poëte extravagant. Je n'eus jamais d'autres reigles pour écrire que les Lettres mesmes, ausquelles ie fais réponse, & les authoritez, & les citations, sont des terres inconnuës pour un esprit comme le mien. Accommodez-vous donc à mon ignorance (s'il vous plaist) puis qu'elle est fondée, sur la connoissance que j'ay de moy-mesme, & sans vous opiniastrer à voir mon Nom imprimé au bas de cette Lettre, souffrez qu'il n'y paroisse jamais que de la main de

LETTRE IX.

A Amsterdam le 25. May.

QUAND une femme soûtient qu'elle est incapable de quelque chose, il faudroit ce me semble l'en croire dessus sa foy, mon cher Monsieur, & c'est mal connoistre la vanité de nostre sexe, que de vouloir me prouver que j'écris bien, puis que j'ay obtenu de moy-mesme de ne pas en tomber d'accord. Ce n'est pas que ie ne trouve vôtre distinction judicieuse, & j'avouë avec vous, qu'il a un genre de Lettres, dont je m'accommoderois mieux que des autres. Mais, Monsieur, ces Lettres là, ne sont permises qu'à mon cœur, & si ma main a eu l'audace de luy en dérober quelques-unes, les Imprimeurs ne doivent pas estre les dépositaires de ces larcins. Quand les Lettres tendres sont trop indifferentes, elles sont foibles, & elles ne meritent pas d'estre imprimées, si au contraire elles sont trop passionnées, celuy qui les reçoit en est assez jaloux (ou du moins le doit estre) pour les sauver de l'impression. Mais quand il seroit possible, que le seul homme qui a des Lettres tendres de moy, en fut si mauvais ménager, qu'il vous fut aisé d'en faire imprimer sans mon consentement, croyez-vous qu'une Lettre qui est belle aux yeux d'un Amant, parust telle aux yeux des gens desinterressez. Non, Monsieur, il y a de certaines fautes dans les Lettres d'amour qui font leurs plus grandes beautez, & & l'irregularité des periodes est un effet des desordres du cœur, qui est beaucoup plus agreable aux gens amoureux, que le sens froid d'une Lettre raisonnée. Croyez-moy donc, Monsieur, avoüez que mes Lettres inddifferentes sont trop mal écrites pour estre imprimées, & que mes Lettres amoureuses sont trop tendres pour estre exposées à d'autres yeux qu'à ceux de l'amour mesme. Mais afin d'en faire quelqu'une qui puisse satisfaire la passion effrenée que vous avez de voir mes Lettres sous la Presse. Je suis resoluë à ne vous écrire plus qu'en forme de Relation; & pour commencer par celle-cy, ie vous diray, s'il vous plaist, que mon procez d'Amsterdam va aussi lentement que la Tréve de l'Espagne, & du Portugal. J'ay pour Rapporteur un Bourgmestre, qui aime le vin autant que vous aimez M. L. M. N. V. Quand ie vais le voir à son lever, il est sou encore du jour precedent, & lors que ie l'attens sur le midy, il est sou de la journée mesme. Du reste Amsterdam, est une grande Ville bastie sur pilotis à l'imitation de Venise, ie suis si peu sçavante en Chronologie que j'ignore. Si c'est Venise qui est bastie à l'imitation d'Amsterdam, ou Amsterdam à l'imitation de Venise, mais ce que ie sçay, c'est qu'elles sont sur pilotis toutes deux, avec cette difference toutesfois, que Venise est arrosée des eauës de la Mer, & qu'Amsterdam, ne l'est que par un de ses bras. Que les Caneaux de Venise sont couverts de Gondoles peintes & dorées, & que ceux d'Amsterdam ne le sont que de Barques fumantes de Bitume. Que les ruës de Venise sont remplies de Nobles Venitiens, & que celles-cy sont pleines d'un nombre presque infini de Bourgeois mal civilisez, qui disputent le pavé à tout Estranger de qualité, fut-il, M. L. C. N. G. Car pour achever d'establir mes differences, on n'est pas si sensible à la beauté des Cavaliers dans cette Ville icy, comme on l'est dit-on dans celle de Venise. Cependant Amsterdam a ses beautez, comme elle a ses deffauts, les ruës y sont larges & netres, & arrosées de Caneaux bordez de grands & de beaux arbres, elle est habitée par une affluance de Peuples de tous Païs, dont la confusion & la difference forment une idée de l'ancienne Babylone qui ne déplaist point aux Voyageurs, mais ce qui ne leur plaist guere, c'est la maniere dont on administre la justice en ce Païs icy, on pendit un Estranger, il y a quelque temps pour avoir porté des Pistolets aprés neuf heures sonnées, & par l'effet d'une misericorde sans exemple, on ne donna que quatre coups de foüet à un habitant qui avoit volé le Tresor de leur Eglise. Tout cela excepté Amsterdam, est le plus agreable sejour qui soit dans l'Europe, il n'y a Perse ou Armenien qui ne s'y plaise, comme au milieu de sa Patrie, & si j'estois Juïve, ie voudrois y passer le reste de mes jours, mais comme ie suis Chrestienne. Je n'y demeureray que jusques à la fin de mon Procés.

Si entre ce temps-là, & celuy-cy, ie fais autant de remarques, que j'en ay faites depuis trois jours, ie ne doute point que ie ne fournisse le volume que vous desirez de moy, car on prolonge aisément la justice en cette Ville. Et je pense que c'est par un effet de l'influence du climat que ie traisne cette Lettre icy jusques à douze pages, bien qu'elle eust pû estre terminée dans trois ou quatre, & que ie vous aurois dit, dés la premiere ce que j'ay

de

de meilleur à vous dire, si ie vous avois protesté que ie suis.

LETTRE X.

A la Haye ce 7. Iuin 1667.

JE croyois vous avoir lassé de descriptions par celle que je vous avois fait d'Amsterdam, le dernier ordinaire. Mais à ce que je voy, Monsieur, vous estes incorrigible, & je comprens que chacune des villes de Holande me coûtera une Lettre de six feüillets, si je veux satisfaire vostre humeur curieuse. Il seroit difficile toutefois, que je pusse trouver des matieres differentes, pour remplir un si grand nombre de Lettres, puis que je n'ay à vous entretenir que de la Holande. Car toutes les Villes qui la composent, sont si semblables les unes aux autres, soit pour l'assiete, soit pour la structure, soit pour les mœurs des Habitans, qu'on peut dire qu'on a veu toute cette Province, quand on a vû Rhoterdam, ou Leïden, ce sont toûjours des maisons basties de Brique, d'une architectures pareille, & fort nettes dedans & dehors, des ruës droites & propres, arrofées de Canaux bordez d'arbres, & remplies de Peuples amoureux de l'argent, & ennemis declarez de tous les Eftrangers qui ont la moindre apparence d'estre de qualité ; chaque Ville à son Port, parce qu'elles sont toutes basties sur des Rivieres, & si le grand

Commerce rend les unes plus fameuses, quelques singularitez en recompensent les autres. L'Université de Leïden dispute de beauté avec la Maison de Ville d'Amsterdam. Dhelf, ou est le tombeau des Princes d'Orange, croit estre plus honorée de cette prérogative, que Rhoterdam ne l'est de la naissance d'Erasme, & toutes ont un esprit de vanité, répandu sur elles, qui fait qu'il n'y a point de Holandois, qui ne croye sa Patrie la seule qui merite d'eſtre conſiderée dans l'Univers, & qui ne parle avec mépris de tout ce que la Nature ou ſon induſtrie n'a point fait naiſtre dans la Holande. Mais pour vous parler d'une choſe qui eſt unique en ſon eſpece, & qui ne peut eſtre aſſez bien loüée, il faut que je vous faſſe un foible crayon de la Haye. Ce n'eſt qu'un village, mais il y a plus de cent Villes dans les dix-ſept Provinces qui ne l'égalent pas en grandeur, il eſt ſitué dans une aſſiete ſi avantageuse qu'il n'y en a point de plus charmante au reste du-monde, d'un costé il est borné par le rivage de la Mer, qui en est tout proche de l'autre, par un bois de haute-futaye, fort peuplé, & fort bien entretenu, & par tout ailleurs, par de grandes Prairies, arrosées de petits Caneaux & semées de quantité de Maisons de plaisance, les ruës de ce beau lieu sont faites de la mesme maniere que celles des autres Villes de Holande, mais soit que l'air y soit plus pur, ou qu'il ait receu des prérogatives du Ciel qui me sont inconnuës. Les Caneaux qui l'arrosent sont plus propres, & d'une eau plus vive que ceux des autres Villes, & les arbres dont il est orné, ont une beauté qui ne se remarque point dans le reste des arbres du monde. Au milieu de ce vilage incomparable, est situé le Palais des Princes d'Orange, où se tient l'Assemblée des Estats, & qui est lavé d'un costé par un Canal,

qu'à

que pour sa largeur, on appelle un estang, dont je ne puis vous faire un tableau, aussi avantageux qu'il le merite, la forme de ce Canal est quarée, & il est rebordé d'un Quay de pierre de taille, large de quarante de mes pas, ou environ; les plus belles maisons de la Haye, sont basties sur ces Quais, & du costé de celle du Prince, il est ombragé d'un plan de douze allées d'arbres à double rang, à qui le Canal sert comme de Perspectives naturelles, qui sont toutes si droites & si couvertes, que rien ne peut surpasser leur beauté; à quelques pas de là, est une grande place sablée, & entourée de quatre doubles rangs d'arbres, où se fait le Cours, un Mail assez beau, aboutit à cette place, & va se terminer dans le bois dont je vous ay déja parlé, où l'on voit une maison de plaisance de la Princesse Doüairiere d'Orange, qui aussi bien que quatre ou cinq autres qu'elle a aux environs de la Haye, est digne de l'esprit & de la magnificence de cette grande Princesse. Il vous semble sans doute que je suis au bout de ma description, & en effet, aprés tant de beautez que je vous ay dépeintes, vous avez sujet de croire qu'un village ne peut plus m'en fournir aucune. Mais si de ces beautez generales, je voulois venir au dénombrement des beautez particulieres, je n'aurois fait que la moindre partie de ma Relation. La maison de la

Princesse Doüairiere est remplie de tout ce que les Arts ont produit de plus achevé, en toute sortes d'ouvrages, je croy qu'il est moins resté de raretez dans les Indes, qu'elle n'en a ramassé dans son appartement, & comme si c'estoit pour suivre son exemple chaque maison des particuliers un peu considerables, meriteroit le titre de Palais. I'en sçay une entr'autres, où il y a trente originaux, non seulement des Rubeins, & des

Wendex, qui ont esté voisins de la Holande; mais des Peintres les plus renommez de l'Italie; des Bustes, & des Medailles antiques, des Animaux de Mer inconnus, des Pierres, dont Adam seul a sceu le nom; & une Bibliotheque de Livres choisis, qui si elle n'est la plus nombreuse de toutes celles qui sont au monde, est du moins la plus rare, & la plus curieuse. Vous me dispenserez (s'il vous plaist) de m'estendre sur cét endroit de la Biblioteque, cette matiere passe mes forces, il y a tel Livre, dont je prendrois le nom pour celuy de quelque Royaume d'Asie, & tel Royaume, que je croirois un terme de Mathematique. Mais une chose sur laquelle je ne puis jamais me méprendre; c'est sur le titre de

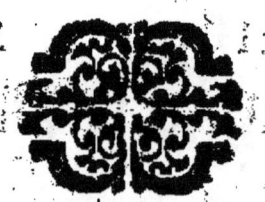

LETTRE XI.

A la Haye le 12. Iuin 1667.

IE trouve admirable, Madame, que ce soir vous qui mettiez la main à la plume pour sçavoir le nom du Maistre de cette Maison, que j'ay dépeinte à M. L. M. le dernier ordinaire, vous ayez souffert qu'on me demandast la description de la

Holande, sans me témoigner que vous prissiez aucune part à cét ordre, vous m'avez laissé parler des Villes où j'ay passé, sans rompre vostre silence, & je jurerois mesme que vous avez entendu lire le portrait des Allées, des Cancaux, & du bois de la Haye, sans honorer sa lecture d'un moment d'application. Cependant si-tost que vous entendez dire qu'il y a un homme magnifique & curieux dans ce Païs-là, vostre curiosité se réveille, & vous me commandez de vous apprendre quel il est. Sans mentir, Madame, ce mouvement là est digne du nom que vous portez, je reconnois le sang de B. à cette saillie, & je la trouve trop bien fondée, pour ne pas satisfaire vôtre desir. L'homme dont j'ay parlé à M. L. M. est extrémement propre, & chez luy, & sur sa Personne, il jouë de tous les instrumens de Musique, comme s'il les avoit inventez, il compose sur tous fort heureusement,

& il a un petit Cabinet qui est destiné pour cét exercice, qu'on peut appeller le Cabinet d'Apollon: Il a l'ame Philosophe, & le corps voluptueux, son esprit est agreable dans la conversation, & plusieurs beaux emplois, dont il a esté honoré, nous ont appris qu'il est solide dans le Cabinet. A dire vray, il a un peu plus de cinquante-cinq ans passez; mais que cela ne vous oste pas le desir d'en sçavoir davantage; il fait des Vers, comme s'il n'en avoit que vingt & deux, & pour mettre un rideau favorable, sur cét article de cinquante-cinq ans, qui a sans doute défiguré mon Portrait; Cét homme est Mr Zulchem, que vous avez vû autrefois chez Mr D. B. & dont vous disiez plaisamment qu'il estoit le seul de vostre connoissance, en qui l'âge ne gâtoit rien. Elle n'y a rien gâté depuis que vous ne l'avez vû, Madame. J'ay passé chez luy, ou chez ses Parentes, la plus grande partie du temps que j'ay esté à la Haye, & il m'a traittée splendidement à une maison qu'il a à la Campagne, qui merite d'appartenir à un tel Maistre, c'est à luy que ie dois la connoissance de tout ce que j'ay vû de rare en Holande; mais à la verité il a quelque interest à satisfaire la curiosité des Voyageurs, car on n'y voit rien de plus admirable qu'un chemin qui va de la Haye au rivage de la Mer, & qui est un effet de ses soins, & de son imagination. Ce chemin est taillée dans les Dunes de sable, qui bornent la Haye de ce côté-là, & qui la deffendent de la fureur de la Mer, il est pavé de briques cimentées, comme pourroit l'estre une terrasse en plate-forme, & bordé d'un double rang d'arbres, plantez sur le modele de ceux du Cours de Paris. Une longue balustrade de fer, posée à dix pas de distance des arbres, soûtient des bancs, pour la commodité des passans,

& partant du milieu de la Haye, va se rendre jusques sur le rivage de la Mer, qui en est à une grande demy lieuës, jugez Madame, de la magnificence d'un homme, qui embellit sa Patrie d'un ornement tel que celuy-là, & regrettez avec moy de ce qu'il n'est pas né au milieu de la Nôtre, puis qu'il donne un si grand lustre à celle qui l'a produit. Je ne croy pas que je puisse finir cette Lettre par une Relation qui vous laisse une plus belle idée de mon heros Holandois, & je ne sçay, si aprés cette reflection, vous daignerez vous souvenir que je suis,

LETTRE XII.

A Liege le 12. *Iuin.*

VOvs accusez un homme de mon silence, qui n'en est guere coupable, Monsieur, & si j'avois employé à vous écrire tout le loisir qu'il m'a laissé à la Haye, j'aurois remply de Lettres toutes les Tablettes de vostre Cabinet. Le bon Seigneur

Seigneur, dont vous me parlez, est d'une humeur si inquiette presentement, & il fait ses visites si courtes, qu'à moins d'estre un Livre rare, ou un Medecin Arabe, on ne peut luy dérober qu'un quart d'heure de ses journées. Mais il a semblé bon, à M. le M. D. V. de me demander des Relations de tout ce que j'ay remarqué de singulier dans le Païs, d'où je viens, & par un effet de ma complaisance ordinaire, je n'ay pas eu la force de les luy refuser.

Jugez, combien les Lettres du ſtile de celles-là, ſont peu convenables à l'eſprit, dont vous me connoiſſez, & ſi ce n'eſt pas une occupation capable de conſumer toutes mes journées. Je ne ſçay aucun terme d'Architecture, je ne me ſuis jamais informée des mœurs de mon plus proche voiſin, & cependant il y a un mois entier que je ne m'entretiens que de l'aſſiete des Villes de Holande, de la ſtructure des maiſons qui les compoſent, & des mœurs des habitans qui les remplissent. Mais, graces au Ciel, je suis à la fin de mes descriptions, car je me trouve dans une Ville, dont une personne qui n'aime pas à flatter, & qui hait à faire des Satyres, ne sçauroit dire une seule parole ; C'est à peu prés le sejour des Ciclopes, & pour la couleur des maisons & pour les mœurs des Peuples qui l'habitent, & si l'esperance d'aller demain à Modave trouver Mme la Comtesse de Marcin, ne m'avoit servy de preservatif contre la vapeur du charbon souffré, dont on se chauffe en ce Païs icy, & contre la ferocité du peu de gens que j'ay vû depuis que j'y suis, je pense que j'y serois déja morte d'ennuy & d'étourdissement. On y parle un langage dont je n'ay pû entendre aucune parole, si ce n'est quelque traits d'envie contre la gloire de nostre Roy, & quelques témoignages de douleur, pour avoir un voisin si redoutable. Mais, mon Dieu, qu'ils ne craignent rien, ils sont à l'abry de toutes convoitises, & il est impossible de les connoistre, sans renoncer à l'ambition de les conquerir. Je les trouve bien-heureux d'avoir un Prince aussi pieux que l'est leur Souverain, sans doute que la vertu qu'il pratique les garentira des fleaux du Ciel, que leur meschant naturel, devroit attirer sur leur teste, & s'il n'estoit cét homme juste de l'Escriture, qui arresta le bras de Dieu couroussé, sur le poinct qu'il estoit prest de lancer les foudres de sa colere, il y a long-temps qu'ils seroient reduits en poudre. Quand on à moins d'esprit qu'ils n'en possedent, on peut s'asseurer qu'on ne sortira point de leurs mains, sans estre dupé, & quand on leur paroist avoir quelques lumieres plus penetrantes que les leurs, ils vous soupçonnent de leur deffaut, & ils ne vous regardent plus que comme l'objet de leur défiance, le plus curieux d'entre leurs gens d'Esprit, n'a jamais lû que la Gazette, ou une espece de Chronique scandaleuse faite en leur Langue, qu'ils appellent des Pasquils, qui sont nos Chansons du Pont-Neuf, & peu s'en est falu que je n'aye esté regardée comme une perturbatrice du repos Public, parce que j'ay fait imprimer des Vers & de la Prose, il m'a falu des attestations de Mr de L... sur l'integrité de mes sentimens, pour dissiper le nuage, que la vivacité de mon esprit avoit élevé dans le leur, & le merite & la bonté, sont des qualitez si peu connuës chez eux, que s'ils n'en recevoient des témoignages en forme de foy d'Estat, ils ne pourroient jamais tomber d'accord de leur existance. Cependant je poursuis le travail de mon Agis, comme si j'estois encore inspirée par les Rossignols des Thuileries, & ne pouvant trouver d'exemples pour mes heros, dans la Ville de Liege, je tâche à les

peindre

peindre par opposition. Je dois A. M. L. C. N. G. la découverte de ce sujet, & cét homme admirable qui avec toute la Galanterie des gens du siecle, possede la connoissance parfaite des mœurs des Anciens, a tâché de me donner une idée de Lacedemone, dont j'ose vous asseurer par avenuë que vous ne serez pas mal satisfait. Je vous aurois envoyé le premier Acte de cette Tragedie par nostre amy V. qui est retourné en France. Si j'avois sçeu où vous prendre positivement, mais les occupations de la Campagne vous rendent si ambulant, que je crains de hazarder cette Piece, en la mettant à la poste, pardonnez cette précaution, à une femme qui n'a de plaisir depuis deux mois que dans l'entretien de son Cabinet, & soufftez que je craigne le peril d'un Enfant de mon genie, à qui je dois toute la joye qui me reste.

LETTRE XIII.

A Medave le 16. *Iuin.*

IE ne sçay depuis quel temps vous estes devenu si bon Geographe, Monseigneur. Mais il est vray que Breda s'est trouué sur mon passage, & soit que le Ciel veüille mettre en credit vostre nouvelle science, ou que mon Genie soit de concert avec vous, pour vous faire gagner voſtre gageure. Je croy que de quelque lieu que je fuſſe partie, & en quelqu'autre que j'euſſe voulu eſtre conduite, Breda auroit eſté un giſte inévitable pour moy. Ce n'eſt pas toutefois par cét eſprit de curioſité que vous me reprochez, que Breda eſt ſi celebre ſur ma Carte, ſa demy-lune, ſes foſſez, ſes contreſcarpes, & ſes baſtions, ne ſont des objets capables d'émouvoir mes deſirs, & bien que les fortifications ſoient admirables, & que toute ignorante que je suis en ces sortes de choses, je n'ay pas laissé d'y remarquer une singularité qui m'a surprise, j'aurois pû ignorer toute ma vie, que cette forteresse estoit dans l'Univers, si je n'avois sceu que je devois y voir M. de G...... Je vous tiens si peu curieux de sçavoir la matiere de nôtre conversation, & elle est si peu réjoüissante pour moy, que je trouve à propos pour le bien de tous les deux, de vous en épargner le recit. Mais une chose que je ne puis vous épargner avec la mesme indulgence, c'est une reflection sur les malice de vostre derniere Lettre. Quoy, Monseigneur, vous qui mettiez à la teste de toutes les vertus, le jugement charitable sur les actions du prochain. Vous donnez un meschand jour à la plus innocente des miennes, & quatre lignes d'un Espagnol corrompu, vous font regarder mon cœur comme un rebelle à sa Patrie; sans mentir on vous a bien gâté depuis que je n'ay eu l'honneur de vous voir, & je voy bien que mon retour en France est d'une grande necessité, quand ce ne seroit que pour restablir l'équité dans vostre ame. Ce ne seroit jamais M… qui est cette gâteuse de bonnes gens, dont je parle, la Dame est trop pieuse pour estre accusée de ce meschef; mais elle a une Niece qui pourroit bien estre ce petit Lutin de la Mere Marguerite, qu'elle ne voyoit jamais que sous la forme de l'Archange Gabriël, bien qu'il fut un Dragon tres pestilentieux. Si je la traitois comme ses visions le meritent, je la condamnerois à l'Exorcisme, sans appel. Mais, je ne sçay me venger de mes ennemis qu'en leur faisant du bien, & le remors est le ministre le plus fidele de mon ressentiment. Pour vous en donner une preuve visible de bon naturel. Je vous envoye la description que vous m'avez demandée, je ne croy pas qu'elle soit trop precieuse par elle-mesme, mais du moins elle l'est par les heures de plaisir qu'elle me dérobe ; car la conversation de M..... la C. D. M. est si charmante, qu'on ne peut s'en priver sans acquerir un grand merite auprés des gens qui nous en privent.

DESCRIPTION
_DE LA_
MAISON
_DE_
M***.

NE vous attendez pas à voir la description d'un bastiment superbe, d'un nombre de lambris dorez, d'une terrasse avancée, des Statuës de Marbres & d'Obelisques. M***. n'est encore rien de tout cela, & bien qu'on doive s'attendre à voir quelque jour cette maison une des plus belles qui soit au Monde; elle a receu tant de presens de la Nature, que ceux qu'elle empruntera de l'art, feront toûjours un de ses moindre ornemens.

Le Ciel a pris plaisir à faire un assemblage,

Des charmes, des valons, & de ceux des côteaux;

La beauté du fertile, & l'horreur du Sauvage,

L'ardeur de la Campagne, & la
fraîcheur des eaux ;

Le silence d'vn vert boccage,

Le doux murmure des ruisseaux,

Tous par un mélange bisare,

Unissant dans ce lieu, leurs attri-
buts divers,

Y forment une assiette aussi belle
que rare,

Seule semblable à soy, dans ce
vaste Univers.

En effet, il n'y eut jamais une situation si singuliere que l'est celle de M***, la maison est bastie sur la pointe d'un Rocher, si élevé, que le valon dont il sort, paroist un precipice, à le regarder des feneſtres du premier appartement; & cependant ce meſme Rocher eſt attaché à une grande pleine, qui accompagne le baſtiment du coſté du midy, & qui fait que de la meſme Chambre, on découvre une Campagne, & une ſolitude; on joüit d'une veuë eſtenduë, & d'une veuë bornée: on voit la maiſon ſur une hauteur, & dans un fons, & ſans pouvoir tomber d'accord avec ſoy-meſme de la verité des objets differens qui se presentent aux yeux ; on est reduit à les regarder tout comme des illusions, & à croire qu'on est dans un Palais enchanté, plûtost que dans une maison ordinaire.

Les appartemens de cette maison, seront superbes & commodes, lors qu'ils seront achevez, on y voit des Offices taillées dans le Roc, en forme de cavernes soûterreines, qui sont d'un couts, & d'un labeur prodigieux, & Mr le C... de M.... à dessein de faire enrichir une Galerie de Tableaux, & de Statuës qui representant les Rois, & les Princes, dont il a receu quelques Graces, seront comme une memoire locale, de tous les insidens de sa vie. Mais de quelques ornemens dont on embelisse ce Palais, on ne verra rien de si surprenant dans le dedans, que ce qu'on remarque dans ses dehors, le jardin est planté sur un Rocher de mesme hauteur que celuy qui sert de fondement à la maison, il est joint au

premier par une masse de terre, qui forme une espece de terrasse naturelle, & il s'estend en plate-forme de la largeur d'un jardin tres spatieux, il semble que la Nature n'a formé ce Rocher, que pour servir à cét usage, car il est escarpé tout autour, en sorte qu'il ne contient que l'espace du jardin, & sa forme un côteau fertile, qui se joignant imperceptiblement à celuy de la maison, laisse la place à une petite Riviere claire & bruyante qui serpentant
entre

entre les Rochers qui la bordent, va se rendre dans les fossez du Château.

Là, tous les Amours solitaires,
Voudroient establir leur sejour :
Ce lieu semble produit pour leurs
    secrets mysteres ;
Et tout ce qu'on y voit semble
    inspirer l'amour.
Le silence, & la solitude,
Bannissant toute inquietude,
Affranchiroient les cœurs de ces
    emportemens,
De ces injustes jalousies,
De ces dépits & de ces frenaisies,
Qui volent aux plaisirs, tant de
    tendres momens.

Mais la trop severe Deesse,

Qu'on revere dans ce beau lieu,

Ne souffre le mot de tendresse,

Que quand on l'applique au bon Dieu.

Ces antres, ces côteaux, ce gasouillant murmure,

Ce desert si délicieux;

Enfin tant de beautez, dont je fais la peinture,

Sont des presens de la Nature,

Qui ne sont fais que pour les yeux.

Mais à dire vray, on ne leur est pas avares de ce tresor, & si l'amour à sujet de se plaindre, qu'on le prive de tous les droits qu'il pretend sur les cœurs, l'estime, & la vertu retirent tant d'avantage de cette usurpation, qu'il n'y a point de personne raisonnable qui puisse la regarder comme une injustice.

LETTRE XIV.

A Spa le 1. Iuillet.

Datter une Lettre de Spa, où la datter de l'Empire du grand Mogor, est à peu prés la mesme chose pour vous, ma chere Damoiselle. Je croy que vous n'avez pas plus d'habitude dans un de ces lieux, que dans l'autre: Et ce ne seroit pas satisfaire la curiosité que vous avez de sçavoir où je suis, que de vous l'apprendre en vous nommant Spa seulement. Mais pour vous informer mieux de mon sejour, je vous diray que Spa, est un vilage, entouré de Rochers, situé au milieu des Ardennes, où j'estois venuë pour prendre des eauës, & où je croy que je prendray le Viatique dans peu de temps, tant j'y contracte de mélancolie, & tant je voy peu d'apparence d'en sortir, aussi-tost que je le voudrois. Gardez donc cette Lettre icy, pour servir de memoire pour mon Epitaphe : car je croy que c'est dans Spa qu'il faudra la faire placer. Ne vous semble-t-il pas que le destin favorise puissamment ma vanité naturelle, de me faire expirer dans un endroit qu'on peut regarder comme le theatre du Monde, par la quantité des Estrangers qui s'y rendent tous les ans ; D'abord cette reflection, m'a fait envisager mes chagrins, avec une tranquillité de

Philosophie. Je m'imaginois devoir ressentir jusques sous la tombe, l'honneur qu'un Allemand ou un Suedois, rendroit à mon Nom, en le lisant sur un Marbre, & peu s'en est falu que je n'aye prié mon Medecin de m'empoisonner, tant je conceuois de gloire à faire sçavoir à quelque Perse caterreux, ou à quelque Armenien, tourmenté de Nefretique, que j'avois vescu autrefois. Mais, ma chere, je commence à comprendre que les honneurs qui suivent le trépas, sont tres peu dignes de la convoitise des vivans.

Du moment que la fiere Parque,
Nous a fait entrer dans la Barque,
Où l'on ne reçoit point les corps;
Et la gloire & la Renommée,
Ne sont que songe & que fumée,
Et ne vont point jusques aux morts.

J'aurois pû me passer de faire un larcin de ces Vers à Mr de Voiture, & ajoûter encore à sa pensée.

Quand

Quand une funeste avanture,
Nous fait payer à la Nature,
Ce tribut general que doivent les Humains;
Les Charges, les Trefors, les honneurs Souverains,
Ne sont que des fantosmes vains;
Qui loin de nous servir pour la gloire future,
Sont autant de pesans fardeaux,
Qui causent nos terreurs, & redoublent nos maux.

Concluez de là, s'il vous plaist, qu'à l'heure où je vous écris, je suis tres affligée d'estre assez malade pour devoir craindre de mourir ; car puis que la Gloire qui accompagne jusques au tombeau, les Conquerans & les Monarques leur devient inutile, quand ils y sont descendus, je ne croy pas que celle que je puis retirer de l'heureux succés de quelques Elegies, & de quelques Sonnets, doive raisonnablement me consoler de la perte de la vie. Aussi puis-je vous asseurer que j'envisage la fin de la mienne, avec beaucoup de foiblesse, il me seroit aisé de la déguiser, si je le voulois, je suis à deux cent lieuës de vous, & vous avez assez bonne opinion de ma sincerité, pour me croire sur ma foy. Mais, ma chere, quand on a une Amie, comme vous dans le Monde, il est juste d'apprehender d'en sortir, & la vie doit estre precieuse pour moy, puis que je fais vœu de l'employer à vous témoigner que je suis.

LETTRE XV.

A Spa le premier Aoust.

J'AY une joye extréme d'apprendre que vostre Cassette a fait un voyage plus heureux que le mien ne l'a esté ; j'osois vous en asseurer d'avance par l'ordre que j'avois donné à sa seureté, & il y a long-temps que nous sommes tombez d'accord vous &

moy, que si j'avois autant de conduite sur mes affaires propres, que j'en ay sur celles de mes Amis, je serois digne d'estre Ministre d'Estat. Les nouvelles que vous m'apprenez par vostre derniere Lettre, confirment puissamment cette verité, puis qu'au moment que je fais passer une Cassette au milieu de cent mille hommes, avec autant de seureté, que si elle contenoit l'anneau de Giges. Je laisse dans le desordre, & dans la confusion l'affaire de toutes, où je dois prendre le plus d'interest. Sans mentir cette avanture est si surprenante, & les personnes qui sont incapables d'une trahison, ont tant de peines à soupçonner les autres d'en commettre, que j'ay eu besoin de voir vostre mon écrit au bas de cette Lettre, pour me resoudre à donner croyance à ce qu'elle contient. Cependant je connois bien que vous ne dites que trop vray, & je vous envoye tous les papiers qui sont necessaires pour arrester le torrent de cette injustice. Mais, mon cher Monsieur, servez-vous en avec toute la moderation, que ma gloire pourra vous permettre, &, puis que je suis forcée à ruiner la reputation d'un homme qui m'a esté si cher, ne faites là-dessus que ce qui doit authoriser le passé, & ne faites pas, tout ce qui devroit reparer l'injure du present, prenez le party de l'equité, & non pas celuy de la vengeance, & songez qu'on se fait autant de tort, en informant le public de l'aveuglement de nostre estime, que nos faux Amis nous en font, lors qu'ils se rendent indignes de la posseder. Je suis encore si tendre là-dessus, (ou pour mieux dire, si peu sensée) que les interests propres de cét homme causent ma douleur la plus violente ; & je suis plus sensible à la mauvaise reputation qu'il va s'acquerir, qu'à celle qu'il avoit entrepris de me donner. Vous devez comprendre par là, que je suis bien éloignée des souhaits que vous formez contre luy; je veux seulement qu'on le trouve honneste homme, & non pas qu'on le traite comme un meschant; je veux empescher qu'il ne fasse une action qui doit détruire son honnesteté, & non pas soûtenir la mienne: Enfin, je veux qu'il soit le premier motif de toutes nos entreprises, & que nôtre but unique soit le desir de le tirer du précipice où il s'est engagé.

Ainsi, Monsieur, si le remede que je puis apporter à cét accident arrive trop tard, & que vous ne puissiez plus me deffendre qu'en le perdant entierement, ne me deffendez point, je vous en conjure, j'aime mieux estre la victime de son ingratitude, que de le voir la victime de ma dureté, & je suis si asseurée que le Ciel en fera une justice plus severe que je ne la ferois moy-mesme, que je laisse entierement la conduite de cette affaire entre ses mains.

LETTRE XVI.

A Spa le premier Aoust.

I'Ay jetté la ......, Monseigneur, & si ce n'est aux orties, pour me servir de vos termes ; c'est aux Buissons, comme dit fort plaisamment M.... Voilà ce qui s'appelle une confession ingenuë, & suivant ma loüable coûtume, je prens le party de m'accuser la premiere, pour éviter la correction. Inferez de là, s'il vous plaist, que les Espagnols ne m'ont point gâtée, & si vous me blâmez de revenir de Holande, avec aussi peu de flegme, que j'en avois porté; loüez moy du moins de sortir d'avec D. E. D. G. sans avoir appris à dissimuler, ce n'est pas que la dissimulation ne fut assez bonne à pratiquer dans ce Païs icy; car je le trouve tout remply de terreur pour les armes du Roy,

& de douleur pour leur progrés. Les honneſtes gens craignent ſa Domination, par un effet de la Foy qu'ils ont promiſe, & les meſchans par un motif moins glorieux pour les uns & pour les autres ; comme j'ay peu de cômerce avec ces derniers, je ne m'enpreſſe pas trop pour les convertir. Mais quand je me trouve avec des gens qui meritent d'eſtre tirez de leur erreur, Je fais ſans ceſſe des aſſauts de zele avec les Sujets de ſa Majeſté

Catholique; & j'ay déja soûteuu les droits de la Reine, contre trois Colonels Flamans, & contre autant de Jesuites Espagnols. Jugez de grace du peril où cette sincerité m'expose. Il est vray que pour me recompenser, j'ay le plaisir de découvrir par leurs propres discours, que le Roy est mieux fondé, encore qu'il ne le pense, & qu'il est si fort né pour la justice, que dans une affaire qui partage les opinions de toute l'Europe; il en a plus qu'il ne le sçait luy-mesme, pour peu que je m'estendisse sur cette matiere. Je croy que je parviendrois jusques à vous écrire une Lettre d'Estat, & je m'asseure que ce n'est pas ce que vostre amitié me demande; je reviens donc à elle tout court, & je vous diray qu'elle n'a jamais esté si bien regalée que par le Sonnet que vous m'avez envoyé. Je m'estois apperceuë il y a long-temps que vous sçaviez dire un, je vous estime en Prose avec autant d'éloquence,

& autant de tendresse, qu'on puisse le prononcer. Mais je vous avouë que je ne m'attendois pas à vous voir exprimer en Vers, avec tant de genie, & tant de delicatesse. Je trouve cette Piece si galante, & la Prose dans laquelle vous l'avez enchassée, est d'un tour si particulier, que je n'ay pû me resoudre à condamner au feu, un ouvrage qui merite si bien de vivre eternellement. Pardonnez-moy cette desobeïssance, s'il vous plaist, c'est M. L. T. qui me l'inspire l'inspire, & il me semble que ce seroit me rendre indigne de la part qu'il prend à mes interests, que de priver sa curiosité de cette merveille. Voyez ce que c'est que l'estoile, Monseigneur, ce qui devroit faire brûler cette Lettre, la sauve du feu ; aprés cela, ne m'avoüerez-vous pas que la prévoyance est une beste, & que c'est au destin qu'il faut se prendre de tout. Je voudrois bien que vous ne m'accusassiez que luy de ce que vous avez esté si long-temps sans recevoir de mes nouvelles, car je vous jure que je n'ay point laissé passer de semaine sans vous en mander. Helas! je n'ay plus que ce seul plaisir là en cette vie, & dans le climat où le sort m'a releguée : Je croy que j'oublierois la Langue Françoise, si vous n'estiez point au Monde. Car je n'écris plus qu'à vous, & si l'Abbé attrape quelque Lettre par hasard, pour se

DE M. DES IARDINS. 163

payer de ses ports ; c'est seulement, parce qu'il est le canal par où les vostres passent, s'il voit cét endroit (comme je n'en doute pas) garentissez-moy de sa bile, ou pour mieux dire, garentissez-le luy-mesme, de son émotion, car je la tiens dangereuse pour luy dans la Canicule, & aprés les morsures, qu'il me fit devant vous la veille de mon deparr, il n'y a rien qu'on ne doive craindre de l'impetuosité de son tempe-
O ij

ramment. Sans mentir c'eſt un admirable Garçon, il ſemble que ſon eſprit prend de nouvelles forces, à meſure que celles de ſon corps diminuent; & le vœu que vous m'avez fait faire, de brûler toutes les Lettres qui me viennent de vous deux, eſt à mon gré plus difficile à garder que la Reigle de Saint Bruno. Si je n'écrivois point à un homme revenant du ſejour de ſa Sainteté, il y a mille choſe à dire là-deſfus, qui n'eschaperoient pas à moy bon naturel, mais je rends honneur au voyage de Rome ; & si je n'ay acquis du flegme en Holande, la conversation des gens de ce Païs icy, m'a fait acquerir du moins l'habitude de me taire. Pour m'en servir à propos, il faut finir ma Lettre en cét endroit, aussi bien n'est-elle que trop longue, pour ce qu'elle contient, & si j'allois m'aviser d'y mettre un voſtre tres-humble, elle seroit la plus meschante Lettre que j'eusse, j'aye jamais écrite.

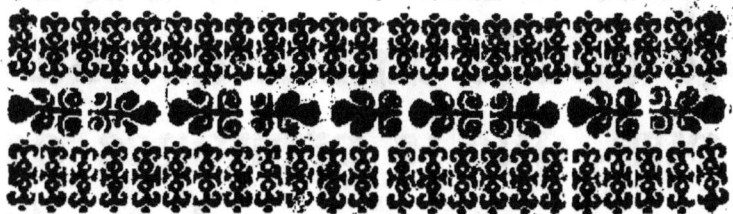

LETTRE XVII.

Vous me ventez en vain le merite de vostre Amy, ma chere, Madame. Je croy qu'il en a plus encore que vous ne luy en attribuez. Mais le mien est si fort diminué depuis quelque temps, que je n'ose aspirer à une amitié aussi precieuse que la sienne. La langueur de mon ame a passé jusques à ma conversation; je pousse autant de soûpirs, que je prononce de mots, & j'ay besoin de tant de force d'esprit pour opposer aux rigueurs de la fortune, que je ne m'en trouve plus pour toutes les choses indifferentes. Cependant par une injustice que je ne puis m'empescher de commettre, je voudrois qu'on m'accordast tous les empressemens qu'on doit à une personne tres-aimable: je n'ay plus les qualitez qui sont necessaires

pour

pour inspirer une forte tendresse, & je suis encore assez delicate pour ne pouvoir me contenter d'une mediocre. J'exige des Estrangers de l'indulgence pour mes deffauts, lors que je n'en ay pas moy-mesme, & par une opposition de sentimens, dont je tombe d'accord sans pouvoir m'en corriger. Je crains le discernement des gens raisonnables, & je ne puis souffrir ceux qui n'en ont point. Que voudriez-vous donc que fit M......

d'une Amie de mon caractere, s'il a autant d'esprit que vous le dites, il ne pourra supporter la pesanteur du mien, & s'il en a moins, je ne puis me resoudre à lier une societé avec luy. Espargnez-nous donc à tous deux une entreveuë qui ne peut manquer d'apporter de la confusion à l'un ou à l'autre, & puis qu'il ne peut me trouver digne de son estime, sans devenir moins digne de la mienne, Laissez-nous dans l'erreur, où vos Lettres nous ont mis,

& ne vous efforcez point de la détruire en faisant naistre une conversation entre luy & moy.

LETTRE XVIII.

Non, je ne le verray, ny je ne l'aimeray jamais, ce redoutable Garçon, dont vous me menacez inceſſamment.

Dans la ſaiſon qu'on me trouvoit charmante :

Il eſt vray, j'ay ſuivi mon panchant pour aimer ;

Mais il faut ceſſer d'eſtre Amante,

Dés lors qu'on ne peut plus charmer.

Vous me sollicitez en vain sur la liberté que mon cœur doit avoir acquise depuis quelque temps, j'avouë, Madame, qu'elle est entiere, & j'ay si bien profité de l'exemple d'autruy, que s'il coule encore quelques larmes de mes yeux, c'est la gloire qui me les arrache, & non pas la douleur.

Mais, incomparable Comtesse,
Vous à qui tant d'amans font sans
 cesse la Cour;
Ne sçavez-vous pas bien que pour
 une Maistresse,

C'est peu que du pouvoir d'engager
sa tendresse,

Il faut encor celuy de donner de
l'amour.

Ne seroit-ce pas une estrange destinée pour un pauvre esclave, qui auroit brisé ses fers, que de se servir de sa liberté pour se jetter dans un precipice. Que diriez-vous de l'inconsideration de ce miserable ne tomberiez-vous pas d'accord avec moy, qu'il feroit un meschant usage des graces du Ciel.

Ne plaise aux Dieux que ce malheur m'arrive,

Et puis que ma tendresse est un fatal poison,

Qui ne sçauroit agir que contre ma raison,

Laissons-là pour jamais oisive.

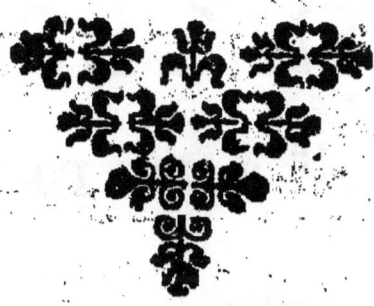

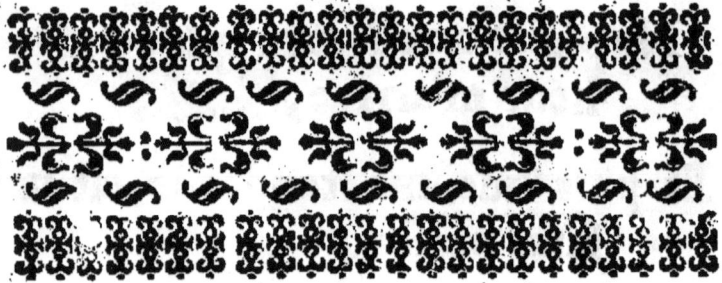

LETTRE XIX.

A Spa.

AVX PRINCESSES

DE N**. ET DE S**.

En leur envoyant un Panier plein de Fleurs pour payer une discretion.

Pour le Panier.

BIEN que je sois tout remply de Fleurettes,
Mon hommage n'est pas suspect,
Elles ne sont pas d'amourettes,
Elles ne sont que de respect.

Non belles Princesses, ce n'est pas pour blesser vostre modestie, que je viens vous découvrir les sentimens de mon cœur. Je suis jeune, je suis galent, je suis de tres bonne odeur auprés des Dames.

Mais pour vous dire en deux mots
mon secret,

Je ne pretends pour toutes choses,

Que vous offrir des Lys, du Muguet & des Roses,

Et puis je me retire en galant tres discret.

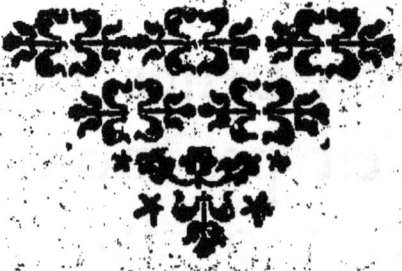

Pour le Lys.

MADRIGAL.

Je marche à la teste des Fleurs,

Comme portant la Reine des couleurs,

Et comme le plus prompt à rendre hommage aux Belles :

En vain pour m'arrester cent fleurettes nouvelles,

Ont au pied de ma tige estalé leurs appas,

Et s'opposant à l'effort de mes pas,

Ont voulu m'obliger à mourir auprés d'elles.

J'ay méprisé pour vous ces Compagnes fidelles,

Et bravant pour vous voir cent visibles hazards;

Je viens de vos beaux yeux attirer les regards,

Accordez m'en de favorables;

O Princesses incomparable!

Je suis entre les Lys, un Lys tres precieux,

Planté des propres mains des Dieux,

Et qui porte si loin cette illustre origine;

Que du moment, qu'une beauté Divine,

M'a tenu dans ses belles mains;

Elle peut se vanter, que le Ciel la destine,

A regner, sur tous les Humains.

Pour le Muguet.

Bon jour mes charmantes Princesses,

Que font de vos fiertez les cruelles Alteſſes ;

Oſeroit-on ſans trop oſer,

Vous demander ſi ces jeunes tygreſſes,

Commencent à s'apprivoiſer.

Seront-elles toûjours farouches ?

Et ne verrons-nous point un jour

Accoûtumer vos belles bouches,

A ce terrible mot d'Amour.

Vous rougiſſez à cette enqueſte,

Ce gros mot vous met en couroux,

Et déja voſtre main s'appreſte,
A me jetter bien loin de vous;
Mais en un mot, point de noiſe
entre nous.

Je ſuis venu pour debiter fleurette,
Ne me découplez point, ni vos ſi,
ni vos mais,
Il n'eſt Muguet qui ne muguette,
Et je ſuis Muguet pour jamais.

Pour la Rose.

JE suis une fleur admirable,
Et pour la forme & pour l'odeur,
La Mere des Amours, si l'on en
  croit la Fable,
M'a fait present de ma couleur.
Mais ma beauté, n'a servy qu'à me
  nuire :
On se lasse icy bas de sa felicité,
Et je commence à me détruire,
Par ma propre fecondité.
Si-tost qu'une fleur est avare,
Envers les injustes mortels ;
Chez eux, elle passe pour rare,
Et m'usurpe tous mes Autels.

Quand on dit, ce n'est qu'une Rose,

On croit dire fort peu de chose,

A peine à la planter, ose-t'on consentir.

Veillez changer ma destinée ;

Princesses daignez me sentir,

Portez-moy dans vos mains le long d'une journée,

Et vous les ferez tous mentir.

DE M. DES-IARDINS.

Pour la Tubereuse.

PReparez-vous à me bien recevoir :

Car, sauf le respect pour l'Altesse,

Les pauvres fleurs de mon espece,

Se passeroient fort bien de l'honneur de vous voir.

Au mépris des rigueurs de cent climats divers,

Je quitte une terre cherie,

Où dans le fort des plus rudes Hyvers,

On me voyoit toûjours fleurie.

Et traversant presque tout l'Univers;

Je viens au milieu des Ardennes,
Essuyer des glaçons le choc inju-
rieux.

Voyez Belles, combien de peines,
Il faut souffrir pour vos beaux
yeux.

LETTRE XX.

A Huy le 12. *Octobre.*

NE m'obligez point à vous dire mes sentimens sur la derniere Lettre que le R. P. R. vous a écrite, mon cher Monsieur, & pour l'honneur de vostre discernement. Laissez-le dans l'erreur favorable où il est sur mon genie, sans luy découvrir mes deffauts, en luy envoyant mes réponses. Quand il s'est agy de resoudre ses doutes sur mes ouurages, j'ay crû qu'il importoit au desir que j'ay d'acquerir son estime, de maintenir le party de mon bon sens; mais aujourd'huy qu'il est question de meriter les loüanges, dont il me comble j'avoüe de bonne foy que je suis incapable de les soûtenir. Il me flatte d'une Rhetorique, donc à peine je sçay prononcer le nom, il m'attribuë des Sciences que je n'ay jamais apprises, & il faudroit que je tombasse d'accord, que j'aurois receu les Dons du S. Esprit, comme les Apostres, si j'avoüois que je possedasse tant de qualitez que je n'ay point acquises. Mandez-luy donc (s'il vous plaist) que je suis une bonne femme, qui desire fort son amitié, & qui s'en rendra digne par les merites du cœur, plûtost que par ceux de l'esprit. Faites-luy comprendre que j'ay une sincerité si parfaite, qu'elle me porte jusques à vouloir détruire la bonne opinion qu'il a de moy, bien qu'elle soit la matiere la plus agreable que ma vanité ait jamais euë : Et afin de le tirer du Panegyrique pour de mettre sur les Phrases un peu plus triviales : Apprenez-luy les deffauts, que la societé que nous avons contractée ensemble, vous a fait découvrir en moy, depuis que vous me connoissez. Aussi bien ne pourroit-il les ignorer long-temps, puis que vous luy avez fait part de ma Lettre, pour le B... & il connoîtra aisément l'impetuosité de mon humeur, par les incongruitez que je commets envers cette R......,. En verité, vous m'avez fait une grande trahison, en publiant cette Lettre; celuy qui l'avoit receuë en avoit fait un si grand secret, qu'il sembloit devoir nous servir d'un exemple pour la cacher, & je vous ferois une querelle sur cette indiscretion, si l'asseurance de mon depart ne me faiſoit apprehender que nous n'euſſions pas le temps de nous racommoder avant noſtre ſeparation, car je crains les rancunes comme la mort, & c'eſt pour éviter celles des Liegeois contre moy, que je vous fais icy une exception publique de la charmante Ville de Huy. Sans mentir, elle me paroiſt un des plus agreables ſejour du Monde; ſa ſituation, la Compagnie qui s'y rencontre, & les honneſtetez que j'ay

receuë

receuë de la maison de M. de V...... me la rendront considerable jusques à la mort. Vous me direz peut-estre qu'elle a d'autres endroits que ceux-là, par où je devrois luy trouver moins d'apas; mais j'oppose à cela l'honneur de vostre amitié, & il me semble que de quelque costé que j'envisage un lieu où j'ay acquis un tresor aussi precieux que l'est celuy-là, je ne puis jamais le trouver que tres agreable. Bon soir.

R.

LETTRE XXI.

JE m'estois apperceuë il y a long-temps, qu'on pouvoit me consulter sur la tendresse, & sur la galanterie, un de vos Amis & des miens me reconnut pour juge de ses soûpirs, dés mes plus tendres années ; mais je ne croyois pas qu'on deust s'addresser à moy, pour décider de l'Ecriture,

& des Peres. Je suis d'un sexe qui devroit m'exempter de cét employ, & j'ay de plus une ignorance dans ces sortes de choses; qui passe celle que mon sexe seul devroit me donner. J'ay vû tant de personnes errer par un excés d'esprit, que si-tost qu'on m'a flattée de quelque vivacité, j'ay apprehendé de tomber dans le piege que l'amour propre pouvoit me tendre; & il n'y a point de Manœuvre du plus bas estage, qui se tienne à l'avis de son Curé plus docilement que je m'y tiens. Cependant puis qu'il s'agit de plaire à Mme la D. D. M. & que je ne puis obtenir la faveur de M^r.... pour Mlle... qu'en donnant cette marque de respect pour vos ordres. Je vais tâcher à me surpasser moy-mesme, & soit à ma honte, soit à ma gloire, je répondray aux deux questions que vous m'avez faites.

Vous me demandez pourquoy nous croyons qu'il y aura un Jugement final;

puis que nous tombons d'accord que les Ames sont jugées, au moment qu'elles se separent de nos corps?

Et pourquoy la Providence a permis que Saint Augustin, soit tombé dans tant d'erreurs differentes, puis que Dieu sçavoit qui devoit devenir un vase d'élection, & un exemple d'amour Divin?

A l'égard de vostre premiere question, ce ne seroit rien vous répondre, que de vous dire, que je croy le jugement; parce que le Seigneur a dit, qu'il seroit ; vous n'en doutez non plus que moy, & il ne s'agit pas de détruire une erreur en cette occasion, il s'agit de rendre raison d'une verité. Mais, Monsieur, de qu'elle verité est-ce que vous me demandez l'explication. C'est d'une verité Euangelique, qui est une émanation de la verité eternelle, & dont un esprit humain ne peut penetrer la profondeur. Cependant, je vous diray, autant que ma foible connoissance peut y atteindre, que Dieu a ordonné le Jugement final, pour authoriser les effets de sa justice envers les hommes, & pour convaincre les Eleus de la droiture de ses jugemens. Il y a tant d'Hypocrites sur la terre, dont l'exterieur dément la conscience; tant de Pecheurs & de Pecheresses, qui cachent des actions criminelles, sous les apparences d'une integrité convaincante : Que quand ceux qui ont vescu de leur Siecle, les voyent ou la haut, ou la bas, & qu'ils connoiffent que les perfonnes qu'ils croyoient dans le chemin du Ciel, font defcendus dans les abyfmes, & que ceux qu'ils croyoient damnez dés cette vie, ont trouvé grace devant le Createur. Il eft de la juftice de ce bon Juge de faire éclater la caufe de ces jugemens differens, à la veuë de tous les mortels, & de faire avoüer aux criminels condamnez qu'ils ne reçoivent point de chaftiment, que leurs offences n'ayent merité. Vous me direz peut-estre, que Dieu n'est pas obligé à justifier ses operations Divines dans la connoissances des hommes. Helas! qui est-ce qui ne sçait pas qu'il n'est obligé à rien de tout ce qu'il fait pour nous. Mais, Monsieur, ce mesme Amour qui le porte à nous départir ses graces, sans qu'il luy soit necessaire que nous les recevions, le porte encore à nous convaincre de l'infaillibilité de ses Jugemens, sans qu'il ait besoin de nostre approbation pour les faire executer. Ce sont des secrets de la bonté Divine, dont il faut admirer ces effets, sans les penetrer, & qui me persuadent par mille preuves visibles l'excés de l'Amour de Dieu envers nous, sans que je puisse trouver dans tous les hommes dequoy authoriser les graces qui leur sont départies. Quand à ce qui concerne la conduite de Dieu, sur Saint Augustin: je trouve, que ce que nos libertins regardent comme des abandonnemens de la Providence, sont des marques de son soin Paternel pour ce Grand Saint. Car il semble que Dieu n'ait permis qu'il ait tombé dans toutes les erreurs qui l'ont seduit, que pour luy fournir des raisonnemens plus fort pour les refuser, comme il avoit vaincu l'Heresie dans son esprit propre, il sçavoit la maniere dont on devoit travailler pour la vaincre dans celuy des autres; & s'estant dit à luy-mesme en secret, ce qu'il a dit depuis à la face de tout l'Univers ; il avoit commencé par sa propre personne à détruire les objections, qui pouvoient luy estre faites à l'avenir. Tombons donc d'accord qu'il n'y a rien d'inutile, ny d'opposé en Dieu, que ce qui semble choquer nostre sens en apparence, est ce qui devroit le convaincre: En effet, & sans nous élever à chercher des raisons, de ce que nostre raison mesme ne sçauroit concevoir, prenons le party de l'humiliation perpetuelle, & ne nous servons de nostre esprit, que pour nous persuader que toutes ses lumieres les plus penetrantes, ne sont que des obscuritez sur les Articles de la Foy.

Voilà, Monsieur, l'avis que vous avez exigé de moy, sur les deux questions que vous m'avez proposées, regardez le, comme une marque de ma speculation que je soûmets, à l'avis de tout ce qu'il y a de Serviteurs de Dieu sur la terre, &

non pas comme une prévention de ma suffisance, & sans recevoir mon sentiment, comme une décision autentique. Envisagez-le seulement, comme un effet de mon obeïssance, dont je n'ay pû me dispenser sans rebellion, & sans ingratitude.

LETTRE XXII.

VOvs offencez la fermeté de mon ame, mon cher Monsieur, quand vous m'écrivez une Lettre de consolation sur les dernieres pertes que ma famille a faites. J'avouë qu'elles font considerables, & qu'ayant esté devancées par un grand nombre d'autres, elles peuvent estre regardées, comme le comble de tous mes mal-heurs; Mais, il y a si long-temps que je suis accoustumée aux caprices de la fortune, que j'ay acquis l'habitude de recevoir ses injures sans emotion; & puis à vous parler de bonne foy, le dernier outrage que je reçois de sa part, m'est fait dans un temps ou j'en ay receu de si cruels de la part de la mort, que la douleur dont je suis remplie, ne laisse plus aucune place pour celle que la perte de

mon

mon bien peut me cau-
ser. J'ay perdu des per-
sonnes depuis quelques
mois, & dans le Royau-
me, & hors du Royau-
me, pour lesquelles j'au-
rois donné sans peine,
tout ce que la mauvaise
foy d'autruy vient de
m'arracher, & la mélan-
colie qui me devore pre-
sentement, me donne
une si grande indifferen-
ce pour la vie, qu'il m'est
aisé de souffrir qu'on me
prive des choses necessaires pour la soûtenir. Je
tombe d'accord avec vous,

que la pauvreté est une pestiferée, dont tout le Monde apprehende les approches, & que comme la richesse, est une qui donne du lustre à toutes les autres; la misere au contraire, obscurcit les vertus les plus éclatantes. Mais, croyez-moy, Monsieur, quand on fait une reflection solide sur les biens, & sur les maux que la fortune peut nous départir. On trouve les uns & les autres si peu considerables, qu'il me semble qu'il n'est pas difficile de les envisager avec indifference. En effet, que peut-elle nous donner qui soit justement digne des desirs d'une personne raisonnable. Peut-elle prolonger nos jours d'un moment? Peut-elle arracher nos Amis à la mort? Nous rendre une santé perduë, restablir un esprit alteré, ou délivrer une ame de ses vices, rien moins que cela: Au contraire, nous voyons tous les jours quelle est une source feconde de dereglemens, quelle nourrit nos passions, & que souvent en nous donnant les moyens de satisfaire à tous nos desirs illicites, elle avance la fin de nostre vie ; si elle nous procure un amy, c'est un ennemy déguisé, pour l'ordinaire, que l'interest attache à nous, & que le mesme interest oblige à nous trahir, quand elle nous abandonne ; si elle nous attire une loüange, elle la rend suspecte de flatterie ; enfin de quelque maniere que je la contemple, & quelque jour que je luy donne, je trouve toûjours des matieres de consolation dans ses injustices, & des raisons pour me passer de ses faveurs. On dira peut-estre que cela s'appelle faire de necessité vertu, & que je ne paroist ennemie de la fortune, que parce qu'elle s'est déclarée celle de nostre maison, & je veux bien avoüer ingenuëment, que si elle m'avoit laissé le bien qu'on nous fait perdre, je n'aurois pas crû qu'il fut de ma Philosophie de le jetter dans la Mer. Mais ce qu'il y a de vray, c'est que j'en souffre la privation, avec plus d'insensibilité que toute autre personne n'en auroit à ma place, & qu'elle fait le moindre des regrets que je forme pour la mort de mon Pere, & pour les autres trépas que vous sçavez que je dois pleurer.

LETTRE XXIII.

JE ne suis point femme d'Estat; mais l'estime particuliere que j'ay pour M. L. C. D. & pour les deux Cavaliers que vous connoissez, me fait imaginer mille raisons de Politique, pour empescher les Suedois de se jetter dans le party de nos ennemis. Je ne puis consentir qu'ils se laissent seduire aux offres que vous me dites, qu'on leur fait de la part de la maison d'A......... & sans vouloir qu'ils se rapportent à la tendresse aveugle, que j'ay pour le Comte. Il me semble que leur propre interest les convie à ne point renoncer à nôtre Alliance, ils ne peuvent recevoir aucun avantage de tous les Potentats de l'Europe; que la France ne soit en etat de leur faire presentement: Et outre le secour réel qu'ils doivent s'en promettre

mettre, ils ont une commodité de s'aggrandir en demeurant de nos Amis, qu'ils n'ont plus en se des-unissant de nos interests. Noftre Alliance est un prétexte de conqueftes pour eux, & la proximité qui est entre ces Peuples-là, & ceux qui vray-semblablement vont s'opposer à nos desseins, me paroist un obstacle invinsible à ce que vous me faites apprehender de leur part. Aussi est-il vray, que je commence à me persuader que vous ne

T

m'avez donné cette crainte que pour tirer une Lettre de moy, du caractere de celle-cy ; & si c'est là vostre intention (comme je n'en doute pas) je m'asseure que vous allez vous donner la Commedie de tout vostre cœur, quand vous verrez que je me ruë sur la Politique, & sur les interests des Couronnes : Mais ne vous réjoüissez que mediocrement nostre Amy. Les bornes de mon bons sens ne sont pas si estroites que vous le pensez : & je tiens qu'il n'est pas plus surprenant de voir que l'estime que j'ay pour un des premiers hommes du Monde, m'ait rendu femme de Cabinet, que d'avoir eu le desir de plaire à ce que j'ay aimé me rendre un Poëte fameux. Si j'ay deub la Poësie à une passion où je ne me suis laissé surprendre qu'à demy. Je pourray bien devoir l'esprit de Polytique, à une amitié qui s'est emparée de mon ame toute entiere, & si la crainte de voir mourir Cresus, rendit autrefois la parole à un Muët de naissance; celle que j'ay de n'oser plus former des vœux pour la conservation du C.... D..... Si-tost que j'envisageray sa vie, comme un obstacle à nos victoires, ne pouvoit produire un moindre miracle que celuy de me faire parler d'affaires d'Estat. Pour achever même de me mettre en exercice là-dessus, je vous conjure d'empescher nostre jeune Amy d'executer la resolution qu'il a prise. Quand on fait une action comme celle-là, on se vange sur soy-mesme de l'injure qu'on croit avoir receuë des autres: Et pour moy, je porte l'amour de la Patrie si loin, que je ne sçay si je n'aimerois pas mieux servir mon Roy dans ses Galeres, que de commander les troupes de ses ennemis. J'avouë que le choix n'est pas sans difficulté, & je m'attens à vous voir crier à ma chere Hiperbole, dés la premiere ligne de vostre réponse. Mais ce qu'il y a de vray, c'est que dans l'estat où sont les choses, je ne le pleindrois guere plus en le voyant partir pour ......, que je le pleins en le voyant partir pour ...... Je l'envoye vous trouver, afin que vous le convertissez, où pour mieux dire, afin que vous empeschiez qu'il ne se pervertisse entierement. Car je ne le croy pas encore bien déterminé à se perdre, & quand l'impetuosité de ses premiers mouvemens, est un peu dicipée ; je luy

DE M. DES-IARDINS.
trouve des retours de raison qui me persuadent qu'il n'est pas impossible de la luy rendre toute entiere. Employez-y vostre Rhetorique avec plus de fruit, s'il se peut que je n'y ay employé la mienne. Je n'ay osé donner la derniere main à cette cure, craignant d'éfaroucher ce jeune esprit, ou de précipiter sa guerison; mais j'ay une grande esperance dans vos conseils, & je vous supplie de les luy donner : Non seulement à

cause de vous mesme, & à cause de luy. Mais encore dans la veuë d'obliger voſtre

LETTRE XXIV.

A MADAME DE M***.

Aimable M....., aurois-je deu penser,

Qu'au milieu de mes justes larmes,

Vous vinssiez m'arracher par l'effort de vos charmes,

Des Vers ou ma douleur m'avoit fait renoncer :

Depuis dix mois ma veine estoit
 tarie,
Par les pleurs que j'ay répan-
 dus,
Les billets de tendresse, & de
 galanterie,
Sembloient estre pour moy des
 plaisirs deffendus;
Mais au moment que je vous vis
 paroistre,
Je sentis en secret ma tendresse
 renaistre,
Vous m'avez inspiré le desir de
 charmer;
Vous m'arrachez un, je vous
 aime,
Et je mets mon bon-heur supré-
 me,
A pouvoir obliger vostre cœur à
 m'aimer.

Voyez qu'elle est vostre puissance,
Ce que tous les blondins tente-
    roient vainement,
L'excés de vos bontez & vostre
    complaisance,
L'ont sceu faire dans un moment.

A MADAME LA MARQVISE DE F***.

Pour trois Dames qui al-loient la voir en Perru-ques, & en Iuste-au-corps.

QUI veut estre amant, qu'il nous suive.

Nous sommes un party de trois jeunes blondins,

Qui dressons embuscade aux cœurs les plus mutins,

Qui vive.. .... , qui vive.

Nous en voulons à voſtre tendre,

En vain vous penſez le deffendre;

Nous ſçavons trop noſtre meſtier,

Voſtre cœur, ou point de quartier.

On ſçait que vous tenez un rang conſiderable,

Que vous avez du bien, du credit, des Amis;

Mais nous avons des yeux, dont l'effort redoutable,

Fait ployer d'un regard, les plus fiers ennemis,

Reconnoiſſez-donc leur puiſſance;

Point d'inutile reſiſtance ?

Car si dans un moment vous ne
 rendez le cœur,
Nous allons attacher un Amour
 pour mineur.

※❦❦❦❦❦※
※❦❦❦※
※❦※

DE M. DES-IARDINS.

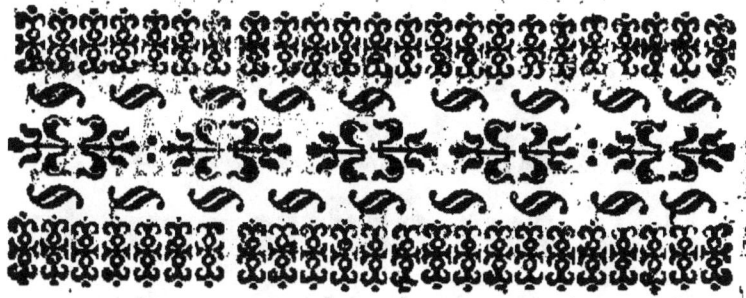

LETTRE XXV.

OUY ma belle fille, je vous l'ay dit, & je vous le repete encore,

   En amour, il faut se taire,
     Bergere;
   Et cacher jusqu'aux soûpirs :
Car ce doux transport qui charme
     nos desirs,
   S'il est sans mystere,
   Il est sans plaisirs.

Tout ce que l'amour produit dans nos ames, il le fait naistre pour luy seul, & les larcins que le Public vous fait, quand il prend quelque part à vos avantures, sont autant de tresors du patrimoine de l'amour, dont il vous prive. Il n'est pas necessaire de parler pour se faire entendre.

C'est dans l'amoureux martyre,

Tout dire,

Que de s'exprimer des yeux;

Quand

Quand on sçait par là tromper les curieux,
Le cœur qui soûpire,
S'explique en tous lieux.

Peut-estre vous imaginez-vous qu'on ignore ce qu'on sent, les uns pour les autres, quand on interdit aux Amans l'usage de la Langue. Mais sortez de cette erreur.

Quand d'une flâme secrette,
Muëtte,
On cache les mouvemens;

V.

LETTRES.

L'amour s'appliquant ses secrets sentimens,

Se rend l'interprete,

Des vœux des Amans,

LETTRE XXVI.

Pouvez-vous demander ce que j'ay fait dans un lieu, où vous sçavez qu'il y avoit tant de gens qui font propres à inventer des divertissemens ; j'ay eu ma part de plusieurs conversations spirituelles ; j'ay fait des repas agreables ; j'ay joüé, j'ay dansé ; j'ay monté a cheval, & je me suis promenée à pied. Que faites-vous de plus divertissant que tout cela, vous qui estes dans la premiere Ville du Monde? Et que se trouve-t'il dans la vaste enceinte de vos murailles, que je n'aye pas trouvé entre les Bastions de P... Vous autres Dames qui ne sortez de vos Alcauves que pour aller dans quelque promenades cultivée. Vous vous imaginez que le Rempart & la Contrescarpe sont incompatibles, avec la societé; & vous avez peine à comprendre qu'un bon mot puisse avoir de la force, quand il est confondu avec le bruit des Tambours & des Trompettes. Mais si vous aviez tâté de la compagnée de Mme de M.... huit ou dix jours, & que vous sceussiez par vostre propre experience, ce que c'est que la diversité, des objets d'une Ville de Guerre. Vous feriez plus surprise de voir que j'ay pû revenir, que vous ne le paroissez du long sejour que j'ay fait à P...... & afin de vous donner une legere idée de la maniere qu'on y passe sa vie. Je vous envoye des couplets que j'ay faits sur un Menüet, lors que j'y estois, qui contiennent un tableau fidelle de tout ce qu'on y pratique.

Dans ces Prez, ces côteaux, & ces pleines,
Les Bergers soûpirent nuit & jour,
Et l'on sent les amoureuses peines,
Dans ces bois aussi bien qu'à la Cour.

Dans ces lieux l'innocente Bergere,
Peut donner des leçons de charmer :
De l'amour elle apprend l'art de plaire,
Des Bergers celuy de bien aimer.

On nous voit menant nos Brebis paistre,
Les sauver de la fureur des loups ;
Mais icy l'Agneau de nostre Maistre,
Est souvent moins en peril que nous.

LETTRES

Le Berger vigilant & fidel-
    le,
Peut garder le Troupeau du Sei-
    gneur;
Mais, hélas! en voyant une bel-
    le,
Nul ne peut répondre de son
    cœur.

Consultez l'eau de cette Fon-
    taine,
Sur vos yeux qui font naître nos
    feux;
Diroit-on nostre aimable Clime-
    ne,
Que les loups sont moins à crain-
    dre qu'eux.

Voilà

Voila à peu prés ce qu'on fait, & ce qu'on dit dans cette Ville, où vous trouvez si estrange que j'aye pû demeurer six semaines : on y vit dans la solitude des hameaux, & on y manque de Bergeres, un peu plus que de Bergers. Mais la Compagnie n'est pas moins agreable, pour n'estre pas partagée justement : on si sert plus souvent d'une épée, que d'une houlette, & les Troupeaux du Païs, sont plus precieux que ceux des Moutons ordinaire, fussent-ils de Beauvais. Mais cela excepté, on y goûte toutes les douceurs de la vie Champestre, sans renoncer, à celles de la vie civile.

RECIT D'VN
Balet dansé au Carnaval.

POVR LA NIMPHE D'OYOU.

Nimphe Solitaire & champestre,

A peine sçavoit-on que je fusse autrefois,

J'habitois tristement les Rochers & les Bois,

Et pour simple ruisseau, je me faisois connoistre.

Mais aujourd'huy mon destin change,

Et l'illustre Daphnis dont je reçoy les Loix,

Par ces vertus, & ses exploits,

Va me mettre au dessus, & du Tybre & du Gange.

LA NATVRE ET IANNIS,

Chantent un Recit à la loüange de Daphnis.

VEnez tous les mortels, venez me rendre hommage,

Pour vous avoir produit, Daphnis dans ces bas lieux ;

J'ay fait tout ce qu'on voit de vivant sous les lieux,

Et jamais je n'ay fait de plus parfait ouvrage.

Pour former ce Heros, ce Trefor
 de noftre âge;

A l'aveugle Deftin, je n'ay point
 eu recours,

De la feule vertu, j'empruntay le
 fecours,

Et jamais je

LES QVATRES
Elemens, accourus à la voix de la Nature, viennent rendre hommage à Daphnis.

POVR VN IARDINIER, representant la Terre.

MERE liberale & feconde.

Je donne aux mortels tous les iours,

Et dequoy maintenir le monde,

Et dequoy parer les Amours.

C'est de mon sein que ces fleurs sont écloses,

Et pour meriter mieux des honneurs infinis :

Outre les Lys, les œillets, & les Roses,

J'ay produit les Lauriers qui couronnent Daphnis.

DE M. DES-IARDINS.

POVR VN PESCHEVR, representant l'Eau.

IE n'ay point de part à ta gloire,

Tu ne me dois, ny Tresors ny Victoire ;

Mais, ie t'avertis toutefois,

Pour vaincre le dédain que t'on bras a pour l'Onde,

Que i'ay porté des gens qui chantoient des exploits,

Iusques au nouveau Monde.

LETTRES

POUR UN OYSELEUR,
représentant l'Air.

Ur tous les Elemens, ie dois avoir l'Empire,

Nul ne peut avec moy disputer de bon-heur,

Car c'est de moy que tu respire,

L'Air qui fait vivre ton grand cœur.

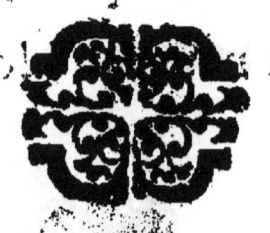

DE M. DES-IARDINS.

POUR VN FORGERON,
representant le Feu.

TU dois me préferer à mes autres Rivaux;
C'est à moy que tu dois tant de hauts faits de guerre,
Et ton bras m'a coûté luy seul plus de travaux,
Que tout le reste de la Terre.

LES MESMES ELEMENS, representez par quatre Dames.

POur voir changer noſtre figure,
On ne voit point changer noſtre avanture.
Dames ou Cavaliers, ſeparez comme unis,
Nous ſommes tous icy, pour honorer Daphnis.

LE TEMPS QUI

chasse & ameine toutes choses, vient chasser les Elemens, & ameine la Renommée.

POUR LE TEMPS.

IE suis le Tyran des humains,
Rien ne s'échape de mes mains,
Du bien comme du mal j'étouffe la memoire;
Mais ie prétens faire grace à ta gloire,
Et ie fais aux mortels un serment solemnel,
D'avoir pour tes vertus un respect eternel.

POVR LA RENOMMEE.

Daphnis, ie suis la Renom-
  mée,
Et comme à te servir, ie suis accoû-
  tumée,
Je cours faire sçavoir ces Vers,
Dans tous les coins de l'Univers.

LETTRE XXVII.

A M...
LE
P. D. R.

JE reviens de deux cens lieuës d'icy, pour vous faire une priere tres-humble, Monsieur, & mesurant vostre generosité par mon souvenir, je reprens l'habitude de vous demander des graces, comme si je n'avois point quitté Paris de veuë. Ma Mere qui vous rendra ce Billet, vous informera pleinement de l'affaire, dont il s'agit; mais ce que je puis vous dire en mon particulier, c'est que je prendray tant de part à son heureux succés, que je ne puis me resoudre d'en avoir l'obligation à nul autre que vous.

*Une ame bien-faisante, épanche
en abondance;*

Ses graces & ses dons, sans égard
& sans choix.

Mais,

Mais, Monsieur, la Reconnoissance,

N'observe pas les mesmes Loix;

La suite d'un bien-fait doit estre envisagée,

Par qui veut meriter de le bien recevoir,

Et la Loy de le rendre est un Sacré devoir,

Qu'une ame qui se croit fortement obligée,
Doit tendrement comprendre, & prudemment prévoir.

Voilà, Monsieur, la raison pour laquelle je ne veux devoir qu'à vous seul, la faveur que ma Mere va vous demander de ma part, seul vous avez les qualitez que je desire dans un homme à qui je veux bien devoir une grande reconnoissance, & si j'ose le dire, j'ay toute la sensibilité, qui est necessaire pour la bien concevoir. Laissez-vous donc convaincre par ce raisonnement, s'il vous plaist, & soyez persuadé qu'on ne peut porter sa consequence plus loin que la portera.

LETTRE XXVIII.

Vous m'avez causé une douleur tres-sensible, mon cher Monsieur, en m'apprenant les sentimens de M..... de R..... sur mon Alcidamie. J'avois abandonné cét Ouvrage à sa destinée, sans précaution & sans inquietude, & l'extréme jeunesse ou j'estois, lors que je l'ay entrepris, me répondant en quelque sorte de l'indulgeance du Public ; je croyois que pour la meriter, il suffisoit de dire que je n'avois que seize ans, lors que ce Livre a esté commencé. Mais, puis qu'on prétend estendre les bornes de mon imagination, jusques à une alegorie, dont elle estoit entierement incapable en ce temps-là ; & que non content de censurer des Heros, que mon peu d'experience sembloit exempter de toute censure, on me force encore à deffendre la verité qu'on m'attribuë, comme la fixion que j'avois inventée. Je vais vous faire l'Apologie de Ruſtan en general, & je prétens vous faire voir, que non ſeulement il n'eſt le Portrait que de luy meſme ; mais que quand il le ſeroit d'un autre ; il ne fait rien dans mon Livre qu'un tres-honneſte homme ne puiſſe avoüer ſans honte. Toute l'intrigue du Heros d'Alcidamie, a un fondement ſolide dans l'Hiſtoire d'Affrique, dont je l'ay tirée presque mot à mot; Si la conformité de cette avanture, avec quelques-unes de nostre siecle, a fait juger aux Speculatifs qu'il y avoit un sens mystique, caché sous le sens literal. C'est un effet du hazard, dont je ne suis, ny la caution ny l'instrument: On sçait que nostre siecle est fecond en gens qui s'érigent en Penetreurs des intentions d'autruy, & qui croyant voir dans l'idée d'un Autheur ce qui n'est que dans la leur propre, nous exposent leurs chimeres, comme des veritez, & composent des Fables effectives, en feignant de vouloir expliquer celles qui ne sont point. Mais quand il seroit vray, que Rustan seroit un homme de la Cour, déguisé, comme on le prétend, Que fait-il dans toute cette Histoire, qui deust l'obliger à se plaindre d'y estre meslé? J'avouë qu'il paroist d'une naissance au dessous de celle de Jelide; mais il repare ce défaut par la grandeur de son courage, & de la maniere qu'il s'éleve au dessus de luy-mesme, il semble qu'on n'ait voulu le faire naistre au dessous des autres, que pour donner plus de lustre à ses actions; en effet, ce qui n'auroit esté que la marque d'un amour ordinaire dans le fils d'Almanfor, devient un incident memorable dans le Chevalier Rustan : il est surprenant qu'il porte ses desirs jusques à sa Souveraine, & tout ce que cette

passion

passion luy fait entreprendre, est une suite de prodiges en luy, qui n'auroient esté que des actions communes dans le fils d'un grand Monarque, si l'artifice de la plus dissimulée de toutes les Princesses, luy arrache un aveu, qui semble blesser son respect; c'est dans des termes dont Lelide mesme n'auroit pas esté offensée, si elle les avoit entenduës; & quand malgré la repugnance qu'il témoigne pour enlever son Prince; l'espoir dont on le flatte l'y fait consentir ; il garde toute la moderation qu'il luy est possible de garder dans cette rencontre ; il conserve la vie du Prince avec fidelité ; il le fait élever avec soin ; il dérobe à la rage de ses ennemis. Sont-ce là ces brûtalitez qu'on luy attribuë, & vous semble-t'il que ces actions soient l'effet d'un merite à desavoüer ? Rustan se croit estre prest de posseder une Princesse qu'il adore, & une Couronne avec elle, & l'horreur qu'il a pour le crime, le force a defobeïr à l'une pour garantir les jours d'un enfant qui peut luy ôter l'autre. Il est vray qu'il supporte l'ingratitude de Lelide avec vne impatience qui ne répond pas à la discretion de ses premiers procedez. Mais ou trouverez-vous un homme qui conserve du sens froid, quand il se croit abandonné de ses Amis, trahy de sa Maistresse, & insulté de son Rival. Connoissez-vous des Philosophes assez consom-

mez pour resister à tou-
tes ces attaques. Pour
moy, je confesse inge-
nument que je n'en con-
nois point. Ie sçay bien
empescher mes Heros de
commettre des crimes,
parce que ie comprens,
par moy mesme, qu'il est
aisé de n'en commettre
pas. Ie sçay faire punir
des coupables, & faire
donner des recompenses
aux gens qui les meri-
tent, parce que ce sont
là des sentimens de mon
ame que ie mettrois en
pratique, si j'en trouvois

l'occasion. Mais, ie ne sçay point assembler dans un mesme cœur un violent amour, & une severe Philosophie. Ce sont des caracteres chimeriques, ou mes idées ne peuvent atteindre, & lors que ie fais un homme ardamment amoureux, & que ie le mets en butte, à toutes les injures de l'amour, ie croy pouvoir luy faire entreprendre tout ce qu'il pourroit executer sans lâcheté. Je tombe d'accord que j'ay donné des bornes à cette

reigle un peu trop esten-
duës, dans le procedé
d'un sujet avec sa Reine.
Mais c'est le propre de
l'amour d'égaler toutes
choses, & depuis que par
les mensonges de Lindara-
che, Rustan avoit deub
se considerer comme un
Amant favorisé. Il estoit
en droit de traité Lelide,
comme une Maistresse in-
fidele, plûtost que com-
me une Souveraine ab-
soluë, il n'y a point d'em-
portement qu'une jalou-
sie authorisé de cette sorte, ne puisse excuser &

la bravoure que ie donne à Ruſtan dans tout le reſte du Livre, rend ſon démeſlé avec Gomelle; ſi naturel & ſi juſte, que ce qui ſeroit une audace de rebelle dans tout autre, ne doit eſtre enviſagé que comme une impetuoſité de Conquerant dans noſtre Chevalier mépriſé. Voilà, Monſieur, les raiſon qu'on peut alleguer en faveur de Ruſtan; donnez leur, s'il vous plaiſt, les couleurs que vous jugerez leur eſtre les plus avantageuſes pour tirer Mme de R..... son erreur, & s'il n'est pas possible d'y parvenir, & que vous ne puissiez deffendre efficacement le Rustan de l'Alcidamie; Deffendez du moins mes intentions sur le Rustan Alegorique. Vous sçavez combien elles seroient mal suivies, s'il croyoit avoir sujet de se plaindre de moy, & ie me trouve si fort de cette espece de confiance, que la bonne conscience doit donner, que j'appelle au cœur de M. de R........

des jugemens que les lumieres de son esprit ont donné contre moy.

Me prenez-vous pour Bradamante,
De m'escrire un Poulet en forme de Cartel ;
A toute autre qu'à telle amante,
Il ne s'en escrit point de tel.
De l'air dont l'amour vous transporte ;
C'est du sein de Pallas que vos Vers sont éclos :
Et rendez-vous, demandé de la sorte,
Ne peut s'accorder qu'en champ clos.
Prenez-le sur un ton plus doux,

Le fier galant aux rares avantures ;

Où tenez-vous pour dit, qu'en
   telles conjonctures,

Vous ferez souvent seul l'honneur
   des rendez-vous.

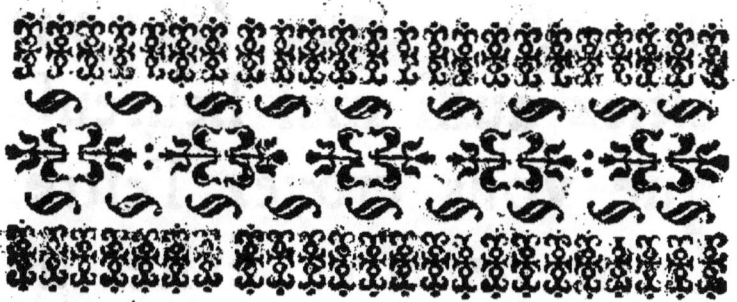

LETTRE XXX.

PARDONNEZ-moy ma belle Damoiselle, si je ne puis obtenir de moy-mesme de vous plaindre de la contrainte où vous vivez presentement. Vous me faites le portrait de vos chagrins avec des traits si touchans, & mon ame est si sensible à tous vos interests, que si vous estiez aussi mal-heureuse que vous croyez l'estre. Ie ne pourrois éviter de la devenir moy-mesme infiniment. Mais comme le changement de vôtre sejour n'en apporte aucun à vostre cœur, que vous aimez toûjours le plus honneste homme du monde, & qu'il a pour vous une passion sincere & violente. Ie ne trouve pas que l'obstacle qu'on met à vos Lettres, soit vn accident aussi considerable que vous le pensez.

Quand par ces nœuds secrets qu'on nomme simpathie,

Une ame a son objet est fortement unie,

En vain voudroit-on l'empescher,

De découvrir les maux que son ardeur luy cause.

Au deffaut de la langue, on se sert d'autre chose.

Incessamment un cœur s'occupe à rechercher,

Cens moyens inconnus de parler & d'écrire,

Et l'on fait un vélin, d'un Marbre & d'un Rocher,

Quand on a je vous aime à dire.

FIN.

PRIVILEGE DV ROY.

LOüis par la Grace de Dieu, Roy de France et de Navarre, A nos amez & feaux Conseillers, les gens tenans nos Cours de Parlement, Maistres des Requestes ordinaires de nôtre Hôtel, Baillifs, Seneschaux, Prevosts, leurs Lieutenans, & tous autres nos Justiciers & Officiers qu'il appartiendra, Salut. Nôtre bien amé CLAUDE BARBIN, Marchand Libraire de nôtre Ville de Paris ; Nous a fait remontrer que la satisfaction que le Public a témoigné en la lecture des Ouvrages de la Damoiselle DES-IARDINS, l'a obligé de prendre le soin de recouvrir les *Lettres en forme de Relations*, qu'elle a faites depuis peu, lesquelles il desireroit faire imprimer, suivant nôtre permission qu'il nous a fait supplier luy vouloir accorder : A CES CAUSES, desirant favorablement traiter ledit Exposant, en consideration des soins qu'il s'est donné ; nous luy avons permis & octroyé, permettons & octroyons par ces presentes de faire imprimer, vendre & debiter lesdites *Lettres en forme de Relations*, de la Damoiselle DES-IARDINS, en tel volumes, caractere, nombre, & autant de fois que bon lu

Privilege du Roy. 179

semblera, durant le temps & espace de sept années, à compter du jour que lesdits Livres seront achevez d'imprimer pour la premiere fois; faisons deffences à tous Libraires, Imprimeurs, & autres personnes de telle qualité & condition qu'elles puissent estre, d'imprimer, vendre, & distribuer lesdits Livres, sous pretexte de changement de caractere ou autrement, par toutes les terres & Seigneuries de nôtre obeyssance durant ledit temps, sans le consentement & permission dudit Exposant, à peine de trois mille livres, applicable un tiers à nous, un tiers aux pauvres de la Communauté des Libraires & Imprimeurs de nôtredite Ville de Paris, l'autre tiers audit Exposant, & de confiscation des Exemplaires, & de tous dépens dommages & interests, à la charge qu'il sera mis deux Exemplaires desdits Livres en nôtre Bibliotheque publique, & en celle servant à nôtre Personne, estant en nôtre Château du Louvre, dans le lieu vulgairement appellé le Cabinet des Livres, & un en celle de nôtre tres-cher & feal le Sr Seguier, Chevalier, Chancelier de France, avant que de les exposer en vente, & que les presentes soient regitrées dans le Livre de la Communauté des Libraires & Imprimeurs de Paris; suivant les Arrests de nôtre Cour de Parlement du dit lieu, à peine de nullité d'icelles. Si vous MANDONS, & à chacun de vous, ainsi qu'il appartiendra, enjoignons de faire jouïr ledit Exposant, & ceux qui auront droit de luy, du contenu en nos presentes Lettres de permission, contraignant à ce faire, ceux qu'il appartiendra par toutes les voyes deuës & raisonnables, sans qu'il leur soit donné aucun trouble, & voulons qu'aux copies desdites presentes collationnées par un de nos amez & feaux Conseillers, Secretaires, foy soit ajoûtée comme à l'original, commandons au premier nôtre Huissier ou Sergent sur ce requis, faire pour l'execution desdites presentes, tous actes, exploits requis & necessaires, sans demander aucune autre permission. CAR tel est nôtre plaisir, nonobstant clameur de Haro, & Lettres à ce contraires, ausquelles nous avons dérogé & dérogeons par ces presentes. Donné à S. Germain en Laye, le   jour de Iuillet, l'an de Grace 1668. Et de nôtre Regne le 26. Signé par le Roy en son Conseil LOYS.

Achevé d'imprimer le 20. Iuillet 1668.

Les Exemplaires ont esté fournis.

Regiſtré ſur le Livre de la Communauté des Libraires & Imprimeurs de cette Ville de Paris le 15. Iuillet 1668. ſuivant l'Arreſt de la Cour de Parlement du 8. Avril 1653.

Signé A. SOUBRON, Syndic.

www.ingramcontent.com/pod-product-compliance
Lightning Source LLC
Chambersburg PA
CBHW050634170426
43200CB00008B/1007